Gary Player's
Top Golfplätze
der Welt

Gary Player's
Top Golfplätze
der Welt

Impressum

Heel Verlag GmbH
Gut Pottscheidt
53639 Königswinter
Tel.: 0 22 23 / 92 30 - 0
Fax: 0 22 23 / 92 30 26

Deutsche Ausgabe:
© 2001 by Heel Verlag GmbH

Englische Originalausgabe:
© 2001 New Holland Publishers
Garfield House
86 Edgeware Road
London, W2 2EA
England
Englischer Originaltitel:
Gary Player's Top Golf Courses Of The World

Lektorat:
Joachim Hack

Satz:
Artcom, Königswinter, Ruth Jungbluth

Druck:
Tien Wah Press Ltd, Singapore

- Alle Rechte vorbehalten -

Printed and bound in Singapore

ISBN 3-89880-031-8

ZWISCHENTITEL: *Die Brücke am 16. Loch des Golf Clubs Turnberry in Ayrshire, Schottland.*

DOPPELSEITE: *Der in den späten 70er Jahren angelegte Gary Player Country Club in Sun City, Südafrika.*

AUF DIESER SEITE: *Der majestätische Platz von Pebble Beach auf der kalifornischen Monterey Peninsula. Im Bild das kurze Par-5-Loch.*

INHALT

OBEN: *Der Golfclub Valderrama in Spanien wurde 1975 von Robert Trent Jones gebaut. 1997 wurde hier der Ryder Cup ausgetragen, den das europäische Team unter Captain Severiano Ballesteros gewann.*

FOLGENDE SEITEN: *The Links im südafrikanischen Fancourt ist ein Gary-Player-Design mit stilistischen Einflüssen der Links-Plätze in Schottland und Irland. Eröffnet wurde der Platz im November 2000, im Jahr 2002 wird hier der President's Cup ausgetragen.*

VORWORT

In den vergangenen fünf Jahrzehnten meiner Profikarriere hatte ich das große Glück, viele der besten Golfplätze dieser Erde nicht nur zu sehen, sondern sie auch kennen zu lernen. Daher war ich in der Lage, diesen Erfahrungsschatz beim Planen meiner eigenen, nunmehr fast 150 Anlagen weltweit einzusetzen.

Schon deshalb ist es mir eine große Ehre, bei einem Buchprojekt mitarbeiten zu dürfen, das meine liebsten Plätze beschreibt. Einige von ihnen entstammen in der Tat der Gary Player Design Company. Mit anderen verbinde ich besondere Erinnerungen, wie etwa einen Turniererfolg, und wieder andere haben durch ihren hohen spielerischen Wert, durch ihre Tradition und auch schlicht durch ihre Schönheit einen bleibenden Eindruck bei mir hinterlassen.

Berücksichtigt wurden in diesem Buch natürlich die legendären schottischen, englischen und irischen Links-Courses, aber auch Plätze, die bei Letzteren nur optische Anleihen gemacht haben und dadurch irgendwie Links-ähnlich sind. Klassische Parkland-Courses, wie etwa der Augusta National, kommen ebenso vor wie Plätze in Europa, Asien und Südafrika. Ein weiterer Schwerpunkt ist die Entwicklung der modernen Resort-Anlagen sowie der eigens für Turniere angelegten Plätze, wie sie in Amerika üblich sind und deren spektakuläre Optik immer wieder begeistert. Man denke nur an Pebble Beach in Kalifornien oder an den kürzlich eröffneten Parcours Ria Bintan in Indonesien. Der Einsatz moderner Maschinentechnik ermöglicht die Planung von Anlagen in Regionen, die früher dem Golfplatzbau verschlossen blieben, wie etwa Ägypten und die Vereinigten Arabischen Emirate oder auch die Anlagen im südafrikanischen Busch. Auch die Schweizer Berglandschaft ist plötzlich eine Golfregion.

Ranglisten bzw. eine bestimmte Auswahl von Golfplätzen sorgen stets für kontrovers geführte Diskussionen. Wir haben in diesem Buch versucht, die verschiedenen Platztypen zu berücksichtigen – ob alt oder neu, ob traditionell oder modern. Uns war es wichtig zu zeigen, in welch verschiedenen Landschaften, in welcher Umgebung der Golfsport beheimatet ist und natürlich auch, wie international dieser wunderbare Sport inzwischen geworden ist.

Gary Player

OBEN: *Azaleen in voller Blüte am 13. Loch (Par 5) des Augusta National/USA. Geistiger Vater dieser Anlage ist Bobby Jones,*
dessen Design-Philosophie es war, einen Platz zu gestalten, der sowohl den besten Spielern der Welt als auch dem Sonntags-Golfer gerecht wird.

GOLF COURSES

Berühmte Architekten

Seit den Anfängen des Golfsports vor rund 500 Jahren, durchlief das Spiel eine ganze Reihe von Entwicklungsstufen. Bestes Beispiel dafür sind die Fortschritte bei der Ausrüstung, insbesondere dem Ball und dem Driver. Entscheidend war auch der Wechsel im Turniergolf vom Matchplay zum Strokeplay und daraus resultierend die Veränderungen im Erscheinungsbild und Charakter der Plätze.

Die Kunst der Golfplatz-Architektur – ein Begriff übrigens, der erstmals von Spieler und Architekt Charles Blair MacDonald geprägt wurde – nahm eine ganz eigene Entwicklung. Während die frühen Plätze eher den Zufällen der Natur unterlagen als der Kreativität eines Architekten, war es offensichtlich, dass die Spieler sich auf ihrem Weg vom Abschlag zum Grün auch nicht dem strategischen Diktat eines Designers unterwarfen. Ganz anders die modernen Plätze, für deren Layout und die anschließende Umsetzung Unsummen bezahlt werden.

Die Identität der ersten Männer, die sich für das Aussehen eines bestimmten Golfloches einsetzten, verliert sich im Nebel der Geschichte des Sports. Tatsache aber ist, dass es die frühen professionellen Spieler waren, die sich für bestimmte Platz-Designs einsetzten. Der wohl prominenteste Vertreter dieser Gattung war zweifellos Old Tom Morris, Seriengewinner der frühen British Open Championship. Er lebte in St. Andrews, wo er nicht nur ein Golfgeschäft betrieb, sondern zugleich auch die Aufgabe eines Golflehrers und Greenkeepers übernommen hatte. Seiner Vorstellungskraft verdankt der Golfsport solche Klassiker wie Muirfield in Schottland, Westward Ho! in England sowie Royal County Down in Irland, der bei vielen sogar als bester Links-Platz weltweit gilt.

Tom Morris verfocht einen neuen Layout-Stil, bei dem jeweils neun Löcher in einer Schleife zum Clubhaus zurückführen. Bis zum heutigen Tag gilt Muirfield wegen seines strategischen Layouts als Geniestreich in Sachen Design. So verlaufen die ersten neun Löcher im Uhrzeigersinn und die zweiten Neun gegen denselben, so dass der Golfer sich mit Winden aus jeder nur denkbaren Richtung auseinandersetzen muss und maximal herausgefordert wird.

Die Jahre um 1920 gelten als das goldene Zeitalter des Golfplatz-Designs und -Baus. Noch vor der Weltwirtschaftskrise schufen Männer wie Donald Ross, Alister Mackenzie, Harry Colt und A.W. Tillinghast ihre besten Arbeiten.

Harry Colt – Co-Designer in Pine Valley, New Jersey/USA – revolutionierte das Spiel, indem er vom bis dahin gültigen Prinzip abrückte, dass sämtliche, nicht perfekt getroffenen Bälle bestraft werden müssten. Er war der festen Überzeugung, dass ein Golfplatz zwar die gesamte Klaviatur der Fähigkeiten herausfordern, aber nicht unbedingt mittelmäßige Schläge überproportional bestrafen müsse.

Der britische Arzt und Weltkriegsveteran Mackenzie entwarf einige der renommiertesten Anlagen, so etwa Royal Melbourne in Australien sowie Cyprus Point und den Augusta National in den USA – Letzteren gemeinsam mit dem Gründer des Augusta National, dem legendären Amateur-Spieler Bobby Jones. Gemeinsam mit den Zeitgenossen Tillinghast, auf dessen Design-Konto Winged Foot und Baltusrol gehen, sowie Donald Ross, der Pinehurst 2 und viele andere berühmte Plätze entwarf, legten Colt und Mackenzie den Grundstein der Golfplatz-Architektur. Die von ihnen aufgestellten Standards waren so tiefgreifend, dass sie bis heute Gültigkeit haben, auch wenn es in jüngster Zeit gewisse Änderungen bezüglich der Abschläge und dem Verlegen von Bewässerungssystemen gibt.

Nach dem Zweiten Weltkrieg waren es Architekten wie Robert Trent Jones, die die goldenen Prinzipien von Colt und Co. übernahmen. Andere gingen etwas weiter, so etwa Tom Fazio und Pete Dye wie auch die ehemaligen Profispieler Jack Nicklaus, Gary Player, Arnold Palmer und Tom Weiskopf, die bewährte Design-Prinzipien überarbeiteten und mit ihren spektakulären Entwürfen zu neuer Blüte brachten.

OBEN: *Der legendäre Old Tom Morris beeinflusste das frühe Golfplatz-Design in England, Irland und in seiner Heimat Schottland. Old Tom Morris und sein Sohn gewannen zwischen 1861 und 1872 jeweils vier Open Championships.*

FOLGENDE SEITEN: *Carnoustie an der schottischen Ostküste wurde Mitte des 19. Jahrhunderts von Allan Robertson und Old Tom Morris entworfen. Der Blick führt übers 1. Grün hin zum neuen Golfhotel, das pünktlich zur 128. Open Championship im Juli 1999 eröffnet wurde.*

LINKS-PLÄTZE

Entwurf von Mutter Natur

Golfähnliche Spiele – wie das holländische „Kolf" oder das belgische „Chole" – waren im mittelalterlichen Europa durchaus verbreitet. Dennoch ist allgemein anerkannt, dass der Geburtsort des Golfsports im Linksland der schottischen Ostküste zu suchen ist.

Unter Linksland bezeichnet man jenen schmalen Küstenstreifen in den Dünen, der sich nach dem Absinken des Meeresspiegels nach der letzten Eiszeit gebildet hatte. Im Laufe der Zeit siedelten sich auf dem welligen Gelände schmalhalmige Gräser und Ginsterbüsche an. Da die Links sich nicht für Landwirtschaft eigneten, wurden sie üblicherweise als öffentliche Gemeindeflächen für die Bevölkerung freigegeben. Als der Golfsport an Popularität gewann, wichen die Spieler folglich auf diesen Gemeindegrund aus. Heute versteht man unter „Links" einen Küsten-Golfplatz, bei dem das Design und Layout der Natur überlassen wurde.

Trotz durchaus unterschiedlicher Auffassung, was einen echten Links-Course ausmacht, gibt es einige allgemein anerkannte Charakteristika, die allerdings auch nicht immer Voraussetzung sind. Beste Beispiele dafür sind die Austragungsorte der Open Championship, die nicht immer alle Attribute eines Links-Courses erfüllen. In der Regel befindet sich diese Spezies in Meeresnähe und ist den stürmischen Winden ausgesetzt. Ihr Design verdanken die Plätze Mutter Natur, zumal sie alle entstanden, als es noch keine Maschinen für massive Erdbewegungen und Landschaftsgestaltung gab. Der Untergrund ist üblicherweise sandig, während der Löcherverlauf sich seinen Weg durch, über und um Dünen herum bahnt und dabei durch dicht bewachsenes Gelände mit Gras und Ginsterbüschen führt. Auf den ersten neun Löchern entfernen sich die Spieler vom Clubhaus bzw. dem Start, während man sich auf den zweiten Neun dem Ausgangspunkt wieder nähert. So erklären sich auch die Begriffe „outward" und „inward" für die entsprechenden Löcher.

In den frühen Tagen des Golfsports pflegten die Spieler, dieselben Löcher sowohl raus als auch wieder rein zu benutzen, nur in umgekehrter Spielweise. Mit wachsender Popularität jedoch wurde dies zu gefährlich, so dass man die Spielbahnen teilte. Dies hatte zur Folge, dass zwei Löcher sich ein Grün teilen mussten – die sogenannten Doppelgrüns waren geboren. Auf einigen Plätzen findet man dieses Phänomen immer noch, und einige Golfplatz-Architekten planen derartige Grüns

selbst für neue Entwürfe, sozusagen als Reminiszenz an klassische Designs. Der berühmteste Platz mit Doppelgrüns ist zweifellos der Old Course in St. Andrews, der nicht weniger als sieben Doppelgrüns zählt. Die meisten Links-Plätze befinden sich an den englischen und irischen Küsten, obwohl es durchaus auch vergleichbare Plätze in anderen Teilen der Welt gibt, wie etwa Paraparaumu in Neuseeland oder Humewood in Südafrika.

Das Spiel auf einem Links-Course unterscheidet sich wesentlich von der Taktik auf einem Parkland-, Wüsten- oder Gebirgs-Parcours. Links-Golf erfordert eine ungleich größere spielerische Vielfalt, nicht zuletzt wegen der wetterbedingten Umstände, des welligen Terrains und des schnellen und vor allem harten Untergrunds. Annäherungsschläge müssen nicht selten so gespielt werden, dass der Ball aufkommt und weiterrollen kann, man aber aufpassen muss, nicht in einem der tiefen, aus Lehmziegeln aufgebauten Bunker zu landen. Die Berüchtigtsten unter ihnen sind die besonders engen sogenannten Topfbunker. Der berühmte Golf-Autor Bernard Darwin wird mit folgenden Worten über solch einen Bunker zitiert: „Hier ist gerade genug Platz für einen wütenden Mann mit seinem Mashie!" Wasserhindernisse hingegen sind auf Links-Plätzen selten. Und wenn sie vorkommen, dann in Form von Abflusskanälen, die zum Meer führen. Der berühmteste Kanal ist der Swilcan Burn, der vor dem ersten Grün in St. Andrews verläuft.

Links-ähnliche Plätze

Die Besonderheiten eines Links-Platzes sind so dominierend, dass heutige Golfplatz-Architekten diese Formensprache in ihren Entwürfen aufnehmen. Als um das Jahr 1900 Golfplätze wie Pilze aus dem Boden schossen, verbreiteten sich auch die Ideen der schottischen Golfplatz-Architekten in aller Welt, so zum Beispiel in Shinnecock Hills in den USA und Royal Melbourne in Australien. Moderne Architekten, wie etwa Gary Player, versuchten Links-Charakteristika in Anlagen wie Raspberry Falls in den USA oder Fancourt in Südafrika in ihre Entwürfe zu integrieren. Und obwohl diese links-ähnlichen Plätze sich in der Regel im Inland befinden, wähnen sich Golfer auf diesen welligen Fairways in Küstennähe. Eine Tatsache, die sie jedoch nicht der Natur verdanken, sondern ausschließlich den Golfplatzplanern und ihren Baggern.

OBEN: *Der typische Vertreter eines Links-Platzes – Portmarnock in der irischen Grafschaft Dublin. Angelegt wurde dieser Platz auf einer Halbinsel zwischen der Baldoyle-Flussmündung und der Irischen See. Mehr als andere Plätze ist Portmarnock dem Wind und der See ausgesetzt.*

OBEN: *Turnberry ist ein typischer Vertreter eines Links-Platzes der schottischen Ayrshire-Coast. Die Grüns werden durch tiefe Topfbunker gut verteidigt und sehen aus wie jene Grüns, die Wind und eisige Luft in frühen Golftagen natürlich formten.*

ST. ANDREWS

Home of Golf

DER OLD COURSE VON ST. ANDREWS, SCHOTTLAND

Golf wird auf dem Old Course im schottischen St. Andrews seit rund 450 Jahren gespielt. Und während sich der Sport im Laufe der Jahrhunderte in aller Welt ausbreitete, so zählt dieser Platz auf einer in die Nordsee ragenden Halbinsel zu den absoluten Meisterwerken, die der Sport zu bieten hat. St. Andrews ist das Mekka tausender pilgernder Golfer, ganz gleich, ob es sich um Amateure oder Profispieler handelt.

St. Andrews gilt als Heimat des Golfsports, nicht nur wegen seiner langen Golfgeschichte, sondern auch wegen dieses vom Wind gebürsteten Heidestreifens, den die Golfpioniere für sich entdeckten und der sich inzwischen zu einem der größten Golf-Komplexe Europas entwickelt hat. Die St. Andrews Links Trust managt derzeit sechs Golfplätze, ein Trainingszentrum mit 44 Abschlägen sowie ein ebenso großes wie komfortables Clubhaus. Und natürlich befindet sich in St. Andrews der Sitz des Royal & Ancient Golf Club of St. Andrews, der weltweit (außer in den USA und Kanada) Gesetz gebenden Instanz in Sachen Golf.

Der Begriff „Linksland" bezieht sich übrigens auf den blanken und verwehten Landstreifen zwischen Küstenlinie und dem fruchtbaren Ackerland. In diesem Bereich durften die Schafe frei grasen – zwischen Dünen, Binsen, Büschen und Hügeln. Und hier war es, wo der Golfsport seine Geburtsstunde feierte – auf einem Stück Land, das nicht der Mensch, sondern die Natur geschaffen hatte.

Im Jahr 1552 erhielt Erzbischof John Hamilton von der Stadt die ausdrückliche Genehmigung, einen Kaninchenjäger für die Links engagieren zu dürfen. Auf demselben Papier wurde auch das Recht der Bevölkerung festgeschrieben, wonach diese die Links zum Zwecke des Golfspiels nutzen durfte – jene Links, auf denen sich heute der Old Course befindet.

Aus der Luft gleicht der Parcours einer Sense, womit sich die Form des Platzes über die Jahrhunderte nicht verändert hat. Lediglich die ursprünglichen 22 Löcher reduzierte der R&A im Jahr 1764 auf 18, womit er kaum zehn Jahre nach seiner Gründung erstmals konkret in das Spielgeschehen

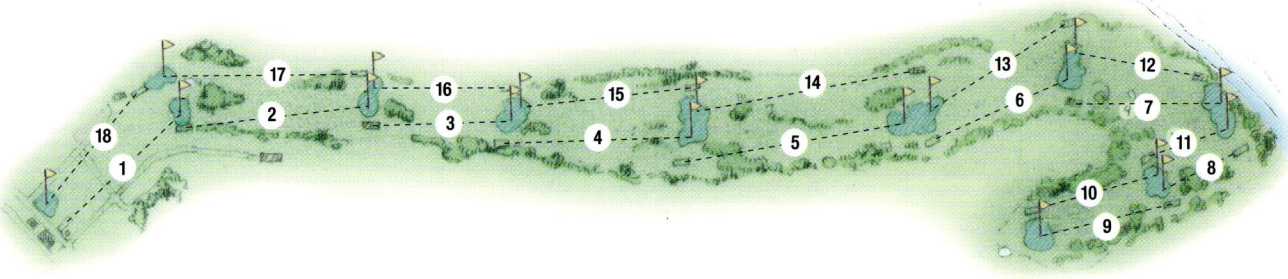

LINKS: *Einer der wohl legendärsten Blicke im Golfsport: Die Brücke über den Swilcan Burn am 18. Loch des Old Course in St. Andrews. Im Hintergrund das Clubhaus des Royal & Ancient. Die Brücke diente in früheren Zeiten als Zufahrt zur Stadt.*

17

St. Andrews
Aus der Sicht Gary Players

Für Golf-Enthusiasten aus aller Welt ist St. Andrews die wohl liebenswerteste Stadt überhaupt. Meine erste Open überhaupt habe ich in St. Andrews gespielt – und im Jahr 2000 kam ich zu meiner 46. Open, in Folge, wohlgemerkt. Man muss diesen Parcours schon ein paar Mal gespielt haben, um ihn zu verstehen, zumal hier Genies am Werk waren. Dennoch kann ich ein oder zwei Dinge zur Taktik sagen: Erstens ist es wichtig, vorsichtig den Driver einzusetzen, und zweitens grundsätzlich die linke Seite der Fairways anzupeilen. Unverzichtbar ist ein Putter, mit dem man lange Strecken überwinden kann, da es hier Grüns gibt, die so lang sind wie Fußballfelder. Und zum Schluss, wenn man das 17. Loch erreicht hat, kann man nur noch beten!

OBEN: *Gary Player mit seinem Caddie Guy Gillespie auf der Swilcan Brigde aus Anlass der Open 1960. Player war Titelverteidiger, da er im Jahr zuvor in Muirfield gewonnen hatte.*

OBEN RECHTS: *Jack Nicklaus auf dem Abschlag zur letzten Runde der Open 1978 in St. Andrews. Ihm genügte eine Runde von drei unter Par, um mit einer 69 und einem Gesamtscore von 281 seinen dritten Open-Titel zu gewinnen.*

eingriff. Dies war offensichtlich ein solch einschneidendes Ereignis, dass fortan 18 Löcher für alle Plätze der Welt festgeschrieben waren.

Erster Open Championship-Sieger wurde im Jahr 1873 Tom Kidd. Seitdem gastierte die Open nicht weniger als 25 Mal in St. Andrews, unter anderem auch bei der Millenniums-Open im Jahr 2000. Grundsätzlich gilt die These, dass Open-Sieger sich zu diesem Zeitpunkt auf dem Höhepunkt ihrer Karriere befinden. Dies galt zumindest für Bobby Jones, Sam Snead, Peter Thomson und Bobby Locke. Die größten Spieler aller Zeiten freilich setzten dem noch eine Krone auf, wie etwa Jack Nicklaus mit seinen Siegen im Jahr 1970 und 1978, Severiano Ballesteros 1984 sowie Nick Faldo 1990. Es mag daher symptomatisch sein, dass Tiger Woods im Jahr 2000 erst als fünftem – und jüngstem – Spieler das Kunststück gelang, den Grand Slam der Majors zu gewinnen.

Das Ungewöhnliche am Old Course ist, dass er sich mitten in St. Andrews befindet und nur durch einen kleinen, weißen Holzzaun von der Stadt getrennt ist. Zudem sind hier die alten Grundsätze des Golfplatzbaus noch zu erkennen, da sich die ersten neun Löcher vom Clubhaus entfernen und die zweiten Neun wieder hinführen.

Auf dem Old Course gibt es insgesamt 112 Bunker, von denen einige als besonders schwierig gelten, wie etwa der „Hell"-Bunker am 14. Loch, „Strath" am kurzen 11. Loch sowie der „Road Bunker" am 17., der schon so manchen Score zunichte gemacht hat. Gerade letzteres Loch mit der Straße entlang des Fairways bis zum Vorderrand des Grüns ist deshalb außergewöhnlich, da hier im Falle des Falles vom Asphalt gespielt werden muss. Der ehemalige US-Captain des Ryder Cup-Teams, Ben Crenshaw, meinte: „Das Road Hole ist zweifellos das schwierigste Par 4 der Welt, weil es eigentlich ein Par

5 ist." Nicht zu vernachlässigen sind ferner die Doppelgrüns, die erstmals 1856 ins Spiel kamen. Nur das 1., 9., 17. und 18. Loch haben ein eigenes Grün. Alle anderen sind extrem groß und mit zwei Löchern ausgestattet. Ein Putt von bis zu 100 Metern Länge ist daher keine Seltenheit, aber auch für die Spieler eine besondere Herausforderung.

ROYAL DORNOCH

Schottische Links par excellence

SCHOTTISCHES HOCHLAND

Im nordöstlichen Zipfel Schottlands, keine acht Grad vom nördlichen Polarkreis entfernt, zieht einen Royal Dornoch in den verschwommenen Dunstkreis der Golfgeschichte. Leider schied der Platz trotz seiner außergewöhnlichen Schönheit und Qualität aus dem Reigen der Open-Austragungsorte wegen seiner Abgeschiedenheit aus.

Obwohl der Club erst im Jahr 1877 gegründet wurde, gibt es verlässliche Aufzeichnungen dahingehend, dass auf dem schmalen Links-Streifen schon zu Beginn des 17. Jahrhunderts Golf gespielt wurde. Nur in St. Andrews und in Leith kann man ältere Ursprünge nachweisen. Royal Dornoch war relativ unbekannt, bis der amerikanische Golf-Journalist Herbert Warren Wind ihn in den 60er-Jahren in glühenden Worten beschrieb. Seitdem beehrten ihn prominente Spieler, so etwa Gary Player, Ben Crenshaw, Tom Watson und Greg Norman.

Der 6014 Meter lange Par-70-Platz hat einen klassisch-traditionellen Verlauf, bei dem die ersten neun Löcher sich vom Clubhaus entfernen, die zweiten wieder zu ihm hinführen. Die ersten acht Löcher schlagen sich durch dichte Ginsterbüsche und mächtige Dünenbänke, während die abschließenden zehn Löcher entlang des Dornoch Firth und den vorgelagerten Sandstränden verlaufen und den Golfer dabei den vorherrschenden Westwinden aussetzen. Charakteristisch für den Platz sind die tiefen Topfbunker und die Plateaugrüns, die jede schlechte Annäherung bestrafen.

Auch wenn Dornoch einer jener Vertreter von Plätzen ist, der überwiegend von der Natur und nicht von gewaltigen Maschinen geprägt wurde, haben dennoch einige der berühmtesten Architekten auf dem Parcours ihre Handschrift hinterlassen. Ursprünglich war Royal Dornoch ein 9-Löcher-Platz, doch schon zehn Jahre nach dem Bau wurde Old Tom Morris aus St. Andrews damit beauftragt, weitere neun Löcher hinzuzufügen.

RECHTS: *Dichte Ginsterbüsche säumen die Fairways in Royal Dornoch. Die sind vor allem in der Blüte ein schöner Anblick, aber für Golfer ein ernst zu nehmendes Hindernis. Wegen seiner abgelegenen Lage im Nordosten Schottlands, zählt Dornoch als Pilgerstätte für Traditionalisten.*

Dennoch – es blieb einem der Pioniere des Greenkeeping und der Platzpflege überlassen, sich hier ein Denkmal zu setzen. Es war kein Geringerer als der in Schottland schon zu Lebzeiten legendäre John Sutherland, der gemeinsam mit J. H. Taylor das Platzdesign immer wieder überarbeitete. Sutherland war über 50 Jahre lang Clubsekretär, und unter seinen Fittichen verdiente ein gewisser Donald Ross seine Sporen als Greenkeeper. Später wanderte Ross in die USA aus, wo er einer der berühmtesten und besten Golfplatzarchitekten werden sollte. Viele seiner Entwürfe lassen in Grundzügen Royal Dornoch erkennen. Als bestes Beispiel dafür gilt Pinehurst 2, aber auch Seminole und Oakland Hills gelten in Amerika als typische Ross-Plätze. Der erste Abschlag befindet sich nur einen Steinwurf vom Zentrum Dornochs entfernt, ein 300 Kilometer nördlich von Edinburgh gelegenes kultiviertes Städtchen. Obwohl die Abgelegenheit Dornoch davor schützt, im Profi-Geschäft des Turniergolfs unter die Räder zu kommen, nimmt der Platz Rang 15 im weltweiten Ranking ein, was wiederum den steten Besucherstrom erklärt. Tom Watson brachte es einmal auf den Punkt: „Dies ist der Platz, auf dem ich den größten Spaß gehabt habe." Und ohne Zweifel hat er einige auf seinem Erfahrungskonto.

Royal Dornoch
Aus der Sicht Gary Players

Man könnte Royal Dornoch als Platz für den „denkenden Golfer" bezeichnen. Die breiten Fairways verlangen nach einem intelligenten Drive, um dann das Grün zu attackieren. Die Plateau-Grüns sind legendär. Vor allem das zweite Loch, ein Par 3, ist in dieser Hinsicht ein Klassiker. Tom Watson hat einmal gesagt: „Der schwerste zweite Schlag, den der Golfsport kennt, ist der zweite in Royal Dornoch." Vielleicht ist dies auch ein Hinweis darauf, wie wichtig Chips und Pitches auf diesem Platz sind.

OBEN: *Der Platz von Royal Dornoch streift den Dornoch Firth, weshalb die Spieler vor allem auf den zweiten Neun ständig starken Westwinden ausgesetzt sind.*

GANZ LINKS: *J. H. Taylor war fünfmaliger Gewinner der Open Championship. Gemeinsam mit John Sutherland überarbeitete er das Layout von Royal Dornoch mehrmals. Taylor gehörte neben James Braid und Harry Vardon zum sogenannten Triumvirat, jenen drei Männern, die insgesamt 16 Open-Titel gewannen. Auch Old Tom Morris aus St. Andrews hinterließ seine Spuren, wurde er doch als Golfprofi für den Bau der zweiten neun Löcher engagiert.*

BALLYBUNION (OLD)

Wild und abgelegen

COUNTY KERRY, IRLAND

Im tiefsten Inneren der Grafschaft Kerry im südwestlichsten Zipfel von Irland liegt mit Ballybunion einer der besten Links-Plätze der Welt. Wegen der abgelegenen Lage fanden auf diesem Platz nur selten große Turnierereignisse statt. Um so höher ist der Sieg des Schweden Patrik Sjöland zu bewerten, der die Murphy's Irish Open im Jahr 2000 mit einem Score von 14 unter Par gewann.

Die Clubgeschichte ist bei der Gründung 1893 zunächst von finanziellen Schwierigkeiten gezeichnet. Erst mit der Ankunft von Colonel Bartholomew, einem pensionierten Offizier der Indischen Armee, war der Club gerettet. Er beauftragte Lionel Hewson, die ersten neun Löcher zu bauen. Aber es dauerte bis 1927, bis auch die zweiten Neun in Angriff genommen werden konnten und der Platz zu einem vollwertigen Meisterschaftsplatz ausgebaut wurde.

Das erste Loch ist dabei verhältnismäßig einfach, landet doch der Eröffnungsdrive auf einem leicht hängenden und breiten Fairway. Doch gleich danach geht es zur Sache – vor allem dann, wenn man vom Abschlag in einem der Bunker in Drivelänge gelandet ist. Am dritten Loch, einem langen Par 3, liegt die Herausforderung auf dem stark welligen Grün. Beim 7. und 8. Loch kommt die Küste mit fantastischen Ausblicken auf den Atlantik sowie heftigen Seewinden ins Spiel. Die folgenden Löcher mäandern durch die Dünenlandschaft, wobei man vor dem Grün des 13. Lochs – einem recht kurzen Par 5 – einen kleinen Bach überwinden muss. Der wohl spektakulärste Abschlag ist zweifelsohne das erhöht liegende 17. Tee, dem rechts und links Dünen zu Füßen liegen.

Nach dem Bau des neuen Clubhauses 1971, musste die Reihenfolge der Löcher geändert werden. Eröffnet wird seit-

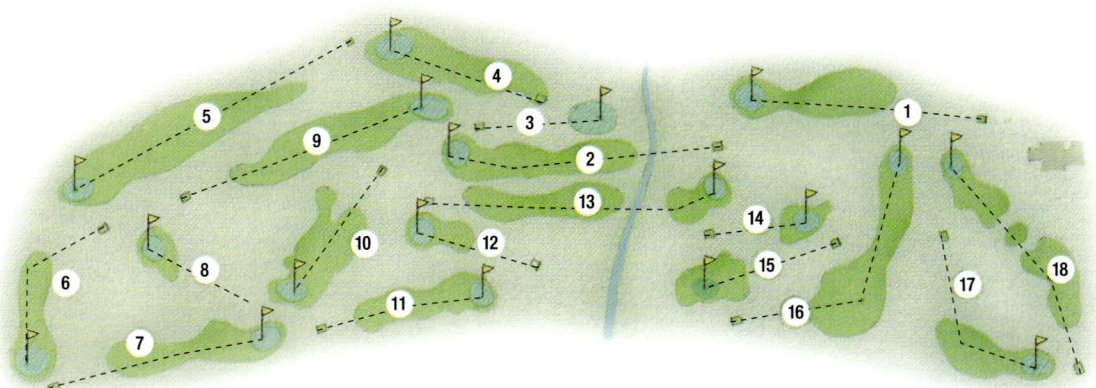

RECHTS: *Dem Abschlag auf dem 16. Loch, einem Dogleg mit Par 5, folgt ein dazu fast rechtwinklig verlaufender zweiter Schlag von der Küste weg. Das Grün wird durch zwei tiefe Bunker auf der rechten Seite verteidigt.*

Ballybunion
Aus der Sicht Gary Players

dem mit dem früheren 14. Abschlag. Der Bunker dieses Lochs läuft unter dem Namen Mrs. Simpson, benannt nach der Frau des Architekten Tom Simpson, der unmittelbar vor der Irischen Herrenmeisterschaft 1937 das Platzlayout überarbeitete. Simpson beschränkte sich auf geringfügige Modifikationen dreier Grüns sowie den Bau jenes berüchtigten Bunkers in Fairwaymitte und Drivelänge.

Ende der 70er-Jahre bewahrten die „Friends of Ballybunion" unter der Leitung von Jackie Hourigan und dank der Summe von 100.000 Pfund Ballybunion vor Erosion durch die See.

OBEN: *Das 17. Loch in Ballybunion, ein mittleres Par-4-Loch entlang der Küste, das hinter einer großen Düne auf einem eckigen Grün mündet.*

Die meisten Golfer, die noch nie auf einem Links-Course gespielt haben, dürften in Ballybunion wenig Freude empfinden. In der Tat sind die Feinheiten auf den ersten Blick verborgen, liegen sie doch wie eine versteckte Perle in einer Auster. Je mehr man den Platz kennen lernt, desto mehr leuchtet auch die Perle. Die Schönheit dieses Platzes ist geradezu atemberaubend, erst recht, wenn man die Tatsache berücksichtigt, dass dieser Parcours ohne technische Hilfsmittel erbaut wurde und sozusagen vom Menschen unberührt blieb. Die Herausforderung besteht darin, immer nah am Boden zu spielen, wobei die Bälle fast rollend ihren Weg zum Grün finden müssen und dadurch nicht dem Wind ausgesetzt sind. Dieser Stil unterscheidet sich wesentlich vom amerikanischen Spiel mit hoher Flugbahn. Ballybunion ist das beste Beispiel für einen traditionellen Platz.

CARNOUSTIE

So schwer wie kein Anderer

ANGUS, SCHOTTLAND

Sein Ruf als schwerster Links-Course überhaupt eilt ihm voraus. Das Monster Carnoustie liegt mitten im Dünengebiet der Tay-Mündung an der Ostküste Schottlands.

Die ersten zehn Löcher wurden um 1840 von Allan Robertson entworfen, die übrigen acht sind das Werk des legendären Old Tom Morris um 1857. James Braid, neben J. H. Taylor und Harry Vardon einer der Männer aus dem sogenannten Triumvirat, wurde 1926 damit beauftragt, den Platz zu überarbeiten. Fünf Jahre später fand die erste Open in Carnoustie statt.

Der Platz zeichnet sich vor allem durch seine fast brutale Länge von 6700 Metern aus, was bei heftigen Seewinden sogar noch unangenehmer zu werden pflegt. Niemals verlaufen mehr als zwei Löcher in dieselbe Richtung, so dass der Spieler mit Winden von allen Seiten fertig werden muss. Hinzu kommt, dass mit Jack's Burn und Barry Burn sich zwei schnell fließende Kanäle ihren Weg durch den Platz bahnen. Die Open Championship fand seit 1931, als Tommy Armour gewann, insgesamt sechs Mal in Carnoustie statt. 1953 kam auch das erste und einzige Mal Ben Hogan, um an der Open teilzunehmen. Er reiste zwei Wochen vor Turnierbeginn an, blieb aber trotz der begeisterten Zuschauer, die ihn verfolgten, merkwürdig unterkühlt. Schon bald hatte er den Spitznamen „the wee ice-mon" weg, zumal Hogan bei strömendem Regen und stürmischen Winden ein fast klinisch reines Golfspiel demonstrierte. Sein Siegerscore von 282 war zu dieser Zeit auch das zweitniedrigste Ergebnis bei einer Open überhaupt. Erst 1968 war Carnoustie wieder an der

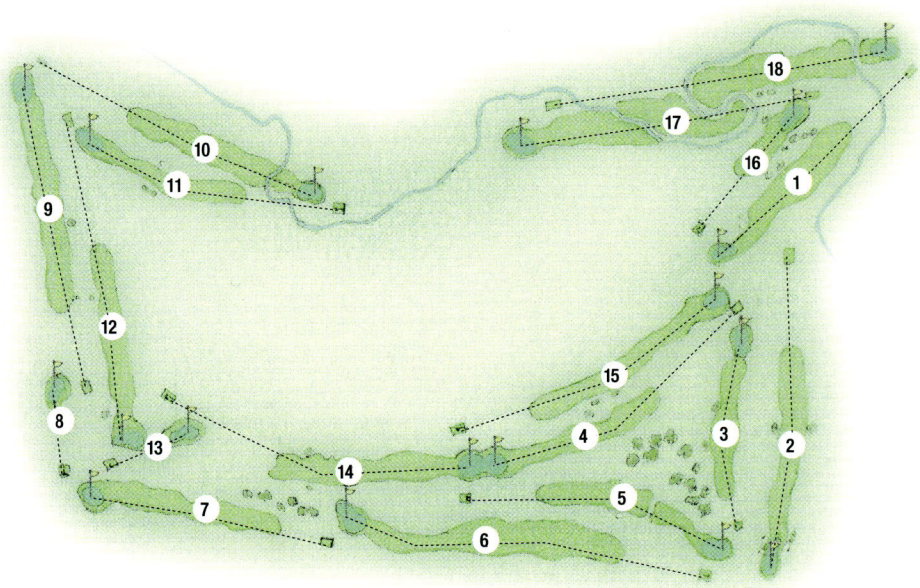

RECHTS: *Dem Amerikaner Ben Hogan gelang während seiner siegreichen Open im Jahr 1953 das Kunststück, das sechste Loch – ein Par 5 – zwei Mal mit einem Birdie zu beenden. Der ungewöhnliche Spielzug wird heute als Hogan's Alley bezeichnet.*

Reihe, und diesmal gewann Gary Player. 1975 holte sich Tom Watson den ersten seiner fünf Open-Titel.

Danach fiel Carnoustie 24 Jahre lang aus dem Open-Zirkus heraus, vor allem, da es an Unterkunftsmöglichkeiten für Spieler, Offizielle und Zuschauer mangelte. Erst mit dem Bau des neuen Hotels direkt am 18. Grün wurde dieses Problem überwunden, so dass in Carnoustie 1999 wieder die Open stattfinden konnte.

Diese Open wird aus zwei Gründen für immer in Erinnerung bleiben. Zum Einen, da die Roughs so undurchdringlich und die Fairways an manchen Stellen nicht breiter waren als 13,7 Meter. Die Scores waren entsprechend, weshalb die Offiziellen sich harte Kritik anhören mussten. Auch das Image des Teenager-Golfers und Stars aus Spanien, Sergio Garcia, bekam angesichts einer Eröffnungsrunde von 89 und einer zweiten Runde mit 83 einen tiefen Knick, verfehlte er doch den Cut um 20 Schläge.

Der zweite Grund für diese unvergessliche Open ist das spektakuläre Scheitern des Franzosen Jean van de Velde, der einen Vorsprung von drei Schlägen am letzten Loch ver-

spielte. Sein Ball landete mitten im Barry Burn vor dem 18. Grün, was wieder einmal zeigte, welche Folgen ein einfacher Graben im Spielverlauf haben kann. Der fast unbekannte Schotte Paul Lawrie gewann anschließend das Stechen über vier Löcher gegen van de Velde und den Amerikaner Justin Leonard und somit auch seinen ersten Major-Titel.

LINKS: *Das 155 Meter lange 13., ein Par-3-Loch, wird am Grün durch einen bohnenförmigen Bunker geschützt.*

OBEN: *Ein Blick zurück aufs 18. Fairway. Deutlich zu sehen ist der Barry Burn, der unmittelbar vor dem Grün verläuft.*

OBEN RECHTS: *Der Schotte Paul Lawrie siegte bei der Open 1999 in Carnoustie nach einem Stechen gegen den Franzosen Jean van de Velde und Justin Leonard aus den USA.*

Carnoustie
Aus der Sicht Gary Players

Carnoustie ist bestimmt einer der schwersten Plätze, die ich je gespielt habe, auch wenn ich hier die Open Championship 1968 gewinnen konnte. Der Platz ist lang, bebunkert und hat wellige Fairways. Wenn der Wind die Tay-Mündung herauf fegt, bereitet dies einem 6700 Meter lang Kopfschmerzen. Carnoustie hat die Seele eines Arbeiters, daran gibt es nichts zu deuteln. Und der Platz hat das wohl schwierigste Hindernis Schottlands, den Barry Burn.

MUIRFIELD

Heimat der „Ehrenwerten Golfer"

GULLANE, EAST LOTHIAN, SCHOTTLAND

Obwohl Muirfield seit seiner Eröffnung 1891 insgesamt 14 Mal Austragungsort der Open war, ist es doch die 88. Open im Jahr 1959, die man mit Gary Player verbindet. Der erst 23-jährige Player spielte eine 75 in der ersten Runde, verbesserte sich in der zweiten auf eine 71, um den Cut mit zwei Schlägen zu schaffen. Am dritten Tag kämpfte er sich mit einer 70 und einem Gesamtscore von 217 bis auf vier Schläge an die Führenden Fred Bullock und Sam King heran. Player war nunmehr in einer Gruppe von 13 Spielern mit 217 oder weniger Schlägen.

Nach einem viel versprechenden Start auf den ersten Neun mit 34 Schlägen, sah es zunächst so aus, als ob Player sich noch einmal überbieten würde. Ein Par am 18. Loch (Par 4) hätte für eine 66er-Runde ausgereicht, doch Players Drive landete in einem der zahlreichen Bunker. Nach einem Dreier-Putt hatte er zwei Schläge verspielt und nach einer 68 einen Gesamtscore von 284 Schlägen. Mit Tränen in den Augen verließ Player das Grün, glaubte er doch die Open verspielt zu haben. Doch auch die führenden Spieler, Fred Bullock und der Belgier Flory van Donck, verspielten ihren Vorsprung und erreichten nur einen Score von 286. Player war der jüngste Open-Sieger seit Willie Auchterlonie 1893.

Muirfield ist Heimat des ältesten Golfclubs der Welt, der „Honourable Company of Edinburgh Golfers", der 1744 mit dem Zweck gegründet wurde „einigen ehrenwerten Gentlemen das altehrwürdige und gesunde Golfspiel" näher zu

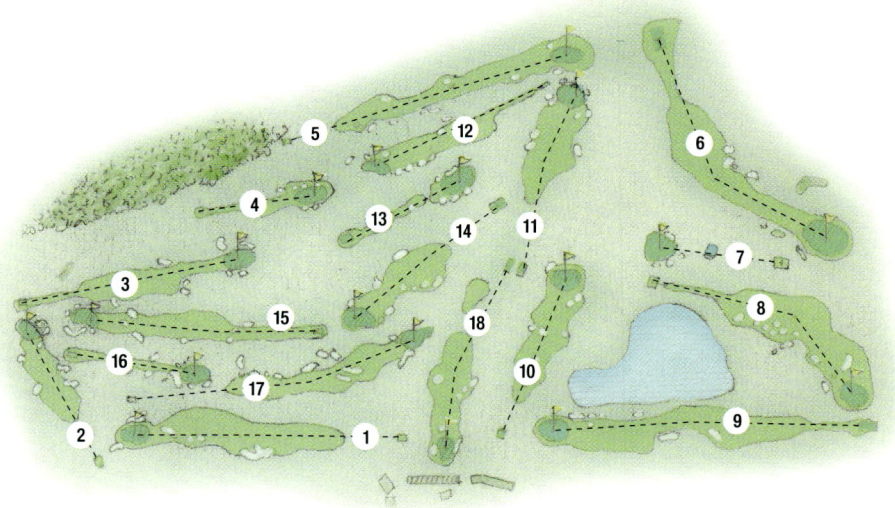

LINKS: Der Blick über das Grün des dritten Lochs (Par 4) zeigt den offenen Charakter Muirfields und die tiefen Roughs, die auf verzogene Schläge warten. Die erste Open Championship über 72 Löcher fand 1892 in Muirfield statt.

RECHTS: Das Grün des 13. Lochs (Par 3) wird durch vier beängstigende Bunker verteidigt. Insgesamt gibt es auf dem privaten Parcours der Honourable Company of Edinburgh Golfers über 160 Bunker, manche von ihnen mit hohen Torfwällen.

bringen. Dazu stiftete die Stadt Edinburgh für die jährlichen Meisterschaften auf den Leith Links als Preis einen silbernen Schläger. In den darauf folgenden Jahren zog der Preis auf der Suche nach weniger überlaufenen Spielmöglichkeiten zwei Mal um, um schließlich in Gullane an der Ostküste seine Heimat zu finden. Den Parcours von Muirfield hatte Old Tom Morris entworfen. Nur ein Jahr nach der Eröffnung 1891 gastierte die Open Championship in Muirfield, wo diese erstmals auch über 72 Löcher ausgetragen wurde.

Seit diesen frühen Tagen führten lediglich Harry Colt und Tom Simpson um 1920 kleinere Umbauten durch, wobei sich Muirfield inzwischen zu einem der am höchsten angesehenen Turnierplätze entwickelt hat. Er gilt als einer der fairsten Open-Austragungsorte, nicht zuletzt, weil es keine blinden Schläge, versteckten Bunker oder Wasserhindernisse bzw. auch nur wenige Bäume gibt. Was jedoch nicht heißen soll, dass es an Bunkern mangelt – insgesamt sind es 160 tiefe, aus Torfziegeln aufgebaute Hindernisse.

Die besten Spieler aller Zeiten haben sich in Muirfield der Herausforderung gestellt. 1896 gewann dort der berühmte Harry Vardon; James Braid war im Kampf um die Wein-Karaffe in den Jahren 1901 und 1906 erfolgreich. Walter Hagen siegte bei seiner vierten und letzten Open im Jahr 1929, Henry Cotton ging 1948 nach einer erstklassigen Vorstellung in Sachen Drive als Champion vom Platz. Jack Nicklaus erzielte seinen ersten von drei Open-Titeln 1966 in Muirfield, um später seinen eigenen Platzentwurf, Muirfield Village in Dublin/Ohio, nach dem schottischen Platz zu benennen.

Eines der dramatischsten Finals ereignete sich in Muirfield 1972, als der Mexikaner Lee Trevino vom Rough zum Par auf dem 17. (Par 5) einlochte. Der zu diesem Zeitpunkt gleichauf liegende Engländer Tony Jacklin, der noch eine Birdie-Chance hatte, war so durcheinander, dass er drei Putts benötigte und Trevino den Titel überlassen musste.

Obwohl Muirfield in seiner langen Geschichte viele große Turniere erlebte (1973 auch den Ryder Cup), ist er anders als die Links-Plätze von St. Andrews und Carnoustie kein öffentlicher Platz. Mit Argusaugen wacht die Honourable Company of Edinburgh Golfers darüber, dass der Platz privat bleibt und dass die Traditionen eingehalten werden. Nur so sei für die Clubmitglieder ein ruhiger, nicht überlaufener Platz zu gewährleisten.

Muirfield
Aus der Sicht Gary Players

Muirfield wird in meinem Herzen immer eine besondere Stellung einnehmen, weil ich hier meine erste Open gewinnen konnte. Es ist ein Meisterschaftsplatz, bei dem es auf den Drive ankommt. Es gibt hier zahlreiche Bunker und wie auf einem Links-Platz wird das Spielen bei Wind noch erschwert. Aber auch an milden Tagen ist er so anspruchsvoll, dass die Hindernisse den Platz mehr als einem lieb ist verteidigen.

OBEN: *Der junge Gary Player mit der erstmals bei der Open 1959 in Muirfield gewonnenen Wein-Karaffe.*

LINKS: *Das Clubhaus in Muirfield blickt über eines der schwierigsten Abschlusslöcher, ein Par 5.*

ROYAL TROON

Lecken am „Postage Stamp"

AYRSHIRE, SCHOTTLAND

Auch Royal Troon an der Westküste Schottlands gilt als einer der schwierigsten Plätze im Open Championship-Karussell. Dafür verantwortlich sind die vorherrschenden Winde aus Nordwest sowie die – wie bei vielen Links-Plätzen übliche – Bauweise, bei der neun Löcher vom Clubhaus weg führen und neun wieder zurück. Dies hat zur Folge, dass die Spieler auf den ersten neun Löchern den Wind im Rücken haben und danach voll gegen das legendäre Wetter Ayrshires spielen müssen. Aus dem 6489 Meter langen Parcours wird so ein außerordentlich schwerer Test.

Lange Zeit galt Troon auch als der Platz mit dem längsten und mit dem kürzesten Loch bei der Open Championship. Das längste war einmal das 6. Loch, mit 527 Metern ein durchaus beeindruckendes Par 5. Selbst unter milden Verhältnissen ist es schwer, das Grün mit zwei Schlägen zu erreichen, bei Wind allerdings ist es unmöglich. Das kürzeste ist die 8, das nur 115 Meter lange Par 3. Manchmal braucht man kaum mehr als einen Wedge zum Grün, doch wenn der Wind den Firth of Clyde hoch pfeift, muss es auch mal ein Eisen 3 sein. Bekannt ist das Loch unter dem Namen „Postage Stamp", weil das Grün kaum größer ist als eine Briefmarke. Doch anders als bei einer Briefmarke, so sagt man, ist es nicht leicht, an ihm zu lecken.

Unvergessen sind zwei Ereignisse, so die Vorstellung des deutschen Amateurs Hermann Tissies bei der Open 1950. Obwohl er nur einen Putt benötigte, beendete er das Loch mit einer 15. Vom Abschlag aus war er nicht auf dem Grün, dafür in einem der fünf tiefen Bunker gelandet. Fünf weitere Schläge brauchte er, um sich in ebenso prekärer Lage wiederzufinden – im gegenüber liegenden Bunker. Wieder brauchte er fünf Schläge, um erneut im ersten Bunker zu landen, von wo aus er drei Schläge aufs Grün benötigte. Hinzu kam noch ein Putt zur 15.

Auch der Amerikaner Gene Sarazen dürfte in Troon gemischte Gefühle gehabt haben. Als amtierender US Open- und US PGA-Champion verpasste er den Cut bei seiner ersten Open

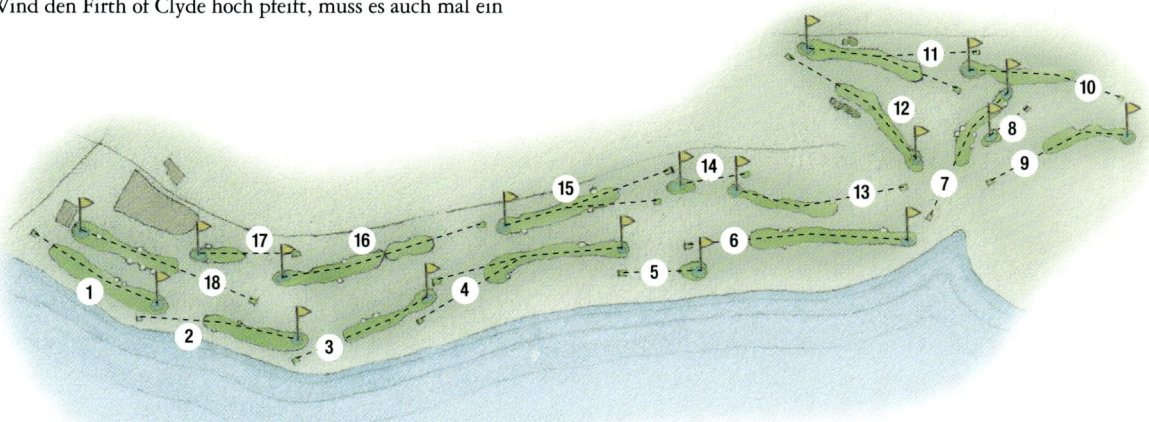

RECHTS: *Das sechste Loch in Troon (Par 5) heißt eigenartigerweise Turnberry. Die 527 Meter lange Bahn ist eines der längsten Löcher der Open-Championship-Plätze. In der Drivezone befindet sich ein Dreieck gefährlicher Bunker. Das Grün ist lang, schmal und liegt erhöht.*

1923 dank einer 85er-Runde am zweiten Tag des Turniers.

Ein halbes Jahrhundert später, am 50. Jahrestag seiner ersten Open in Troon, war Sarazen 1973 der Einladung zur Open gefolgt. Sarazen, der erste Spieler der Geschichte, der alle vier Major-Turniere gewinnen konnte, spielte im Alter von 71 Jahren erneut am „Postage Stamp". Der mit einem Eisen 5 geschlagene Ball landete kurz vor der Flagge und rollte zum Hole-in-One ins Loch. Am nächsten Tag benutzte er erneut dieses

Eisen, landete jedoch in einem der Bunker. Dem Mann, dem nachgesagt wird, er habe den Sandwedge erfunden, spielte seinen Recovery-Shot direkt ins Loch zum unfassbaren Birdie! Obwohl er letztlich den Cut verfehlte, werden diese Schläge immer in Erinnerung bleiben. Sarazen schenkte sein 5er- Eisen dem R&A of St. Andrews, der ihn wie eine Reliquie ausstellt.

Insgesamt gastierte die Open sieben mal in Troon. Die erste Open gewann Arthur Havers 1923 und ihm folgten eine ganze Reihe illustrer Spieler, die die Ehre hatten, hier zu siegen. 1950 war es der Südafrikaner Bobby Locke mit einem Score von 279 Schlägen, der damit die magische Grenze von 280 erstmals gebrochen hatte. 1962 stellte Arnold Palmer mit einer 276 wieder einen Rekord auf. Tom Weiskopf zog 1973 gleich, und Tom Watson gewann seinen vierten von fünf Open-Titeln 1982 in Troon. Es blieb dem Amerikaner Mark Calcavecchia 1989 vorbehalten, das erste Stechen über vier Löcher gegen Wayne Grady und Greg Norman zu gewinnen. Justin Leonard aus den USA überzeugte durch einen großartigen Sieg 1997.

Während Golf schon 1870 auf diesem Flecken Land gespielt wurde, gab es einen Club erst im Jahr 1878. Das Aussehen der Bahnen wurde im Laufe der Jahre von vielen berühmten Architekten überarbeitet. Zuerst von Club-Professional Willie Fernie, der die Open 1883 gewann. Ihm folgten Männer wie James Braid, Dr. Alister Mackenzie und Frank Penninck.

Royal Troon
Aus der Sicht Gary Players

Zunächst heißt einen der Platz auf seinen ersten neun Bahnen mit verhältnismäßig normalem Golf willkommen. Doch die zweiten Neun sind die wohl schwierigste 9er-Kombination, die ich kenne. Ungewöhnlich ist die Tatsache, dass man mit seinen Drives hohe Dünen überwinden muss, die einem den Blick versperren. Mit anderen Worten – man hat nur eine leise Ahnung, wohin man spielt und keine, wo der Drive wirklich landet.

OBEN: *Gene Sarazen und Bobby Jones im Jahr 1923, als die Open erstmals in Troon gastierte. Die letzten fünf Open auf diesem Platz gingen an Amerikaner: Palmer, Weiskopf, Watson, Calcavecchia und Leonard.*

LINKS: *Das 8. Loch in Troon trägt den bezeichnenden Namen „Postage Stamp". Das 115 Meter lange Par 3 ist das kürzeste Loch aller Open-Plätze. Das winzige Grün ist von fünf Bunkern umgeben und den Golfer erwartet ein Schlag mit ungewissem Ausgang, landet er im tiefen Rough rechts vom Grün.*

TURNBERRY

Im Schatten von Ailsa Craig

AILSA COURSE, AYRSHIRE, SCHOTTLAND

Am südlichsten Zipfel des schottischen Links-Land Ayrshire befindet sich Turnberry, einer der wohl schönsten, aber auch herausforderndsten Golfplätze überhaupt. Hoch über dem Ailsa Course thront in Turnberry das berühmte Turnberry Hotel. Und mitten im Firth of Clyde schimmern die Silhouetten von Ailsa Craig, einer runden Granitinsel, der Isle of Arran und des Mull of Kintyre.

Turnberry hat zwar eine lange und ereignisreiche Vergangenheit, war aber in seiner erst kurzen Meisterschaftskarriere schon häufig Zeuge dramatischer Golfmomente. Der 3. Marquis of Ailsa verpachtete das Land in Turnberry an die Glasgow and South Western Railway Company. 1905 baute Willie Fernie, Open Champion von 1883 und Professional im nahe gelegenen Troon, auf dem Gelände zwei 13-Löcher-Plätze. Zur gleichen Zeit entstand auch das Turnberry Hotel.

Der Aufstieg zu einem Meisterschaftsplatz indes verschob sich immer wieder. Während des 1. Weltkrieges errichtete die königliche Luftwaffe auf dem Gelände einen Landeplatz. Kurz danach wurde der Parcours zwar wieder hergerichtet und außerdem der Arran Course gebaut, doch die gesamte Anlage wurde erheblich in Mitleidenschaft gezogen, als während des 2. Weltkrieges die Royal Air Force auf beiden Plätzen Start- und Landebahnen anlegte. Frank Hole und McKenzie Ross ist es zu verdanken, dass Turnberry in den folgenden Jahren wieder aufgebaut und restauriert wurde. Dennoch finden sich auf dem Platz immer noch Überreste des Militärflugplatzes sowie neben dem 12. Grün ein Denkmal für die 119 Soldaten, die in Turnberry während der beiden Kriege fielen.

Schon bald nach seiner Wiederherstellung erlangte Turnberry den Status eines Meisterschaftsplatzes als Austragungsort der Schottischen Meisterschaften, der World Matchplay Championship 1950 und der Amateur-Meisterschaften 1961. Erst einige Jahre später erhielt Turnberry auch die Open-Championship-Weihen. Bei der Premiere 1977 erlebte die Golfwelt auch gleich eines der

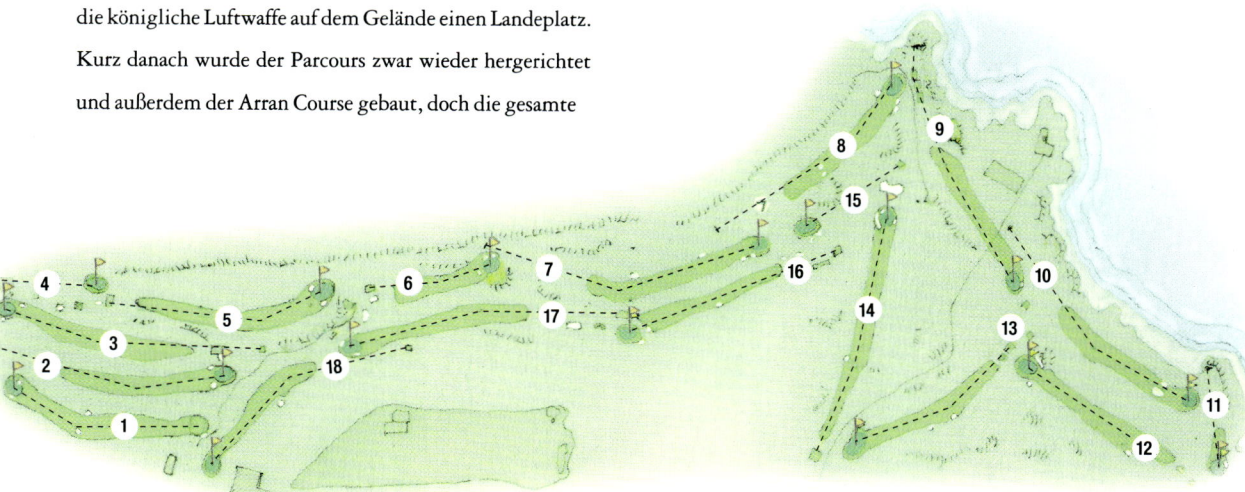

RECHTS: *Das 8. Loch (Par 4) ist ein Dogleg nach links, das der Küstenlinie der Turnberry Bay folgt und bei dem das Grün von drei Bunkern bewacht wird. Der erste Open Champion in Turnberry war Tom Watson, der 1977 Jack Nicklaus im sogenannten „Duell in der Sonne" besiegte.*

spektakulärsten Duelle überhaupt. Bekannt wurde es als „Duel in the Sun" zwischen dem 37-jährigen Amerikaner Jack Nicklaus und seinem 27-jährigen Landsmann Tom Watson, die beide nicht nur um die Wein-Karaffe, sondern auch um die Vorherrschaft im Golfsport rangen. Nicklaus, der König, gegen Watson, den Herausforderer. Ein Kampf, der um jedes einzelne Loch geführt wurde. Beide spielten eine 68 am ersten Tag, beide eine 70 am zweiten und beide eine 65 am dritten. Das Verfolgerfeld hatten sie weit hinter sich gelassen.

Obwohl Nicklaus in der letzten Runde mit zwei Birdies vorlegte, kämpfte sich Watson wieder ins Rennen,

und nach 16 Löchern war wieder alles offen. Dann spielte Watson am 17. Loch (Par 5) ein Birdie, um erstmals in Führung zu gehen. Die angespannte Menge konnte zusehen, wie Watson mitten auf dem Fairway des letzten Loches landete, während Nicklaus' Drive rechts im Rough liegen blieb. Watsons 7er-Eisen legte den Ball nur 1,5 Meter zum Loch, während Nicklaus immerhin noch elf Meter nach dem Rettungsschlag aus dem Rough überwinden musste. „Mit dem Mut der Verzweiflung", schrieb Peter Ryde in der TIMES, lochte Nicklaus zum Birdie ein. Doch der stoische Watson, der das Birdie zum Sieg brauchte, versenkte den Ball in aller Ruhe zum Gewinn

der Meisterschaft – mit einem Score von 268 gewann er seinen zweiten Open-Titel.

Watson war auf seinem Weg, der beste Golfer der Welt zu werden, nach Turnberry nicht mehr aufzuhalten. Ähnlich erging es auch Greg Norman mit seinem ersten Major-Sieg 1986 sowie Nick Price aus Zimbabwe, dem dominierenden Spieler der 90er-Jahre, acht Jahre später. Mit Eagle, Birdie, Par warf er den Schweden Jesper Parnevik beim Rennen um die Wein-Karaffe aus dem Wettbewerb. Turnberry produziert Open-Sieger und Golfer, die sich auf dem Höhepunkt ihrer Karriere befinden. Golfer, die einem der besten Golfplätze Schottlands Ehre bereiten.

Turnberry
Aus der Sicht Gary Players

Es ist einer meiner liebsten Plätze und ich bin stolz darauf, hier die Senior British Open Championship gewonnen zu haben. Zwei berühmte Wahrzeichen adeln den Platz. Zum Einen der Leuchtturm am 9. Loch, zum Anderen der Ailsa Craig, jener Felsbrocken mitten im Firth of Clyde. Es ist ein magischer Platz, den viele schon mit Pebble Beach und Cyprus Point verglichen haben. Und über allem thront das Hotel, von dem aus man nach rechts über den gesamten Platz und das Meer blickt.

OBEN: *Tom Watson nach dem Gewinn seines zweiten Open-Titels 1977 in Turnberry. Insgesamt verewigte er seinen Namen fünf Mal auf der Claret Jug, zum letzten Mal im Jahr 1983.*

OBEN LINKS: *Der Leuchtturm steht auf einem Felsen, der in den Firth of Clyde hinein ragt. Gebaut wurde dieser 1873 vom Vater von Robert Louis Stevenson.*

ROYAL BIRKDALE

Englands beste Championship-Adresse

SOUTHPORT, LANCASHIRE, ENGLAND

Royal Birkdale an der britischen Küste Lancashires diente für über 30 nationale und internationale Meisterschaften als Austragungsort. Nach dem 2. Weltkrieg war Birkdale der wichtigste Turnierplatz in England. In jüngerer Zeit gastierte die Open in Birkdale, die 1998 von Mark O'Meara gewonnen wurde, der zuvor schon die US-Masters für sich entscheiden konnte und zudem mit einer 64er-Runde einen neuen Platzrekord aufstellte.

Birkdale verweist auf eine lange Ahnentafel ehrenwerter Sieger. Peter Thomson zum Beispiel, der hier 1954 seine erste und die erste Open überhaupt in Birkdale gewann. Der Aus-

tralier wiederholte seinen Triumph 1965 mit dem fünften und letzten Titelgewinn. 1961 zementierte der Amerikaner Arnold Palmer seinen Weg zum Sieg mit dem wohl berühmtesten Schlag seiner Karriere. Auf dem damals 15. Loch – heute ist es das 16. – schlug Palmer seinen Drive ins Rough, wo er unter einem Busch 135 Meter vom Grün entfernt liegen blieb. Zunächst sah es so aus, als würde er einen Schlag vergeben, doch mit einem fast brutalen Kraftschlag prügelte er mit einem Eisen 6 den Ball aus dem Gestrüpp über die Bunker hinweg mitten aufs Grün. An diesen Zauberschlag erinnert heute noch eine Gedenktafel im Rough des 16. Lochs.

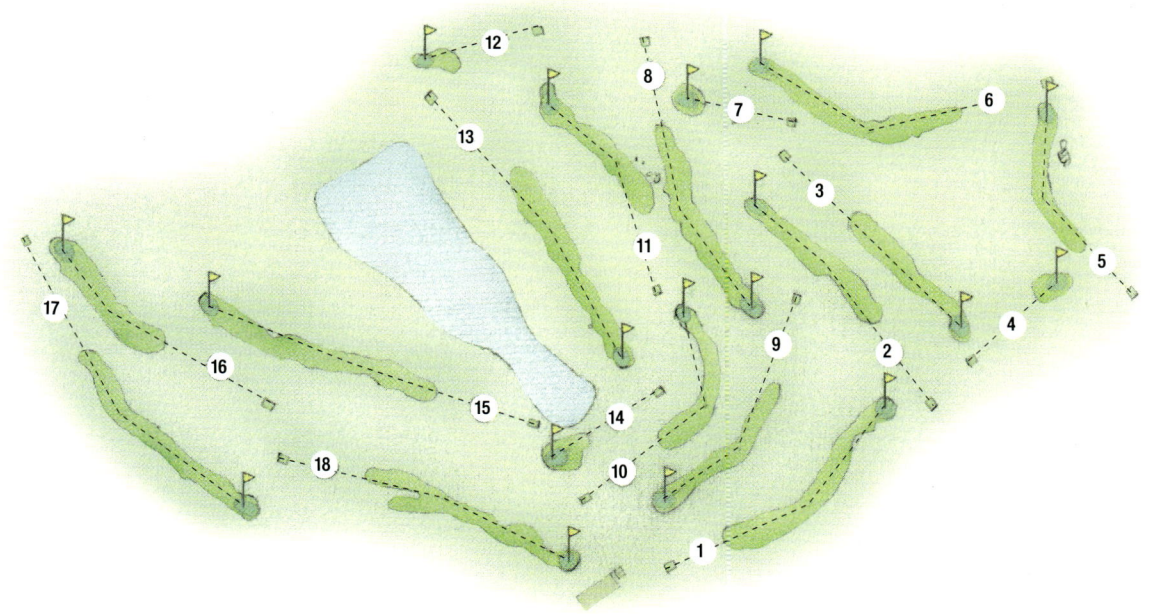

RECHTS: *Ein neues 12. Loch wurde in Birkdale 1965 wie ein Nest zwischen die Dünen gelegt. Im selben Jahr wurden auf diesem Platz der Ryder Cup und die Open Championship ausgetragen. Letztere gewann der Australier Peter Thomson.*

Der populäre Mexikaner Lee Trevino triumphierte 1971 bei der 100. Open über den Taiwanesen Lu Liang Huan, den das Publikum in Birkdale jedoch Mr. Lu nannte. Es war Trevinos dritter Sieg in 23 Tagen, nachdem er schon die US- und die Canadian Open gewonnen hatte.

Unvergessen auch der Sieg des Amerikaners Johnny Miller, der den drei Tage lang führenden Spanier Severiano Ballesteros im Endspurt besiegte. Dennoch beherrschte Letzterer die Schlagzeilen und sollte sie danach auch weiter dominieren. 1983 war es mit Tom Watson erneut ein Top-Golfer, der seine Karriere mit einem fünften Open-Sieg krönte. Es folgte 1991 der relativ unbekannte Australier Ian Baker-Finch, der Mark O'Meara und Seve Ballesteros bezwang, um später nie wieder in solcher Hochform zu sein.

Als Royal Birkdale 1889 eröffnet wurde, befanden sich die neun Löcher etwa einen Kilometer vom jetzigen 18-Löcher-Platz entfernt. Acht Jahre später wurde George Low vom benachbarten Royal Lytham & St. Annes mit der Aufgabe betraut, die Bauarbeiten des neuen Birkdale-Kurses zu beaufsichtigen. Erst 1932 wurde Birkdale zu jenem Meisterschaftsplatz, der er heute ist. F. G. Hawtree und J. H. Taylor waren für den Umbau verantwortlich. Sie sorgten dafür, dass die Fairways fortan durch die Dünen hindurch und nicht mehr über sie hinweg führten. Dadurch waren die Bahnen weniger wellig und die für Links-Plätze typischen blinden Schläge entfielen. Zu jener Zeit entstand auch das neue Clubhaus, durch dessen große Fenster man die Irische See überblickte.

Es war – ganz in Familientradition – der Sohn von F. G. Hawtree, der 1963 den Platz überarbeitete, und ein weiterer

Nachkomme in dritter Generation wurde mit diesem Job 1991 betraut. Martin Hawtree, Sohn von Fred und Enkel von F. G. Hawtree, sollte die Grüns in Birkdale neu aufbauen. Ihm gelang das Kunststück, den wohl fairsten Championship-Platz überhaupt zu schaffen, bei dem nur das 9. Loch blind anzuspielen ist. Ungewöhnlich ist auch der Spielverlauf, denn sowohl das 9., das 14. und das 18. Grün befinden sich in Clubhaus-Nähe. Kurz vor der Open 1998 wurden weitere Veränderungen durchgeführt. Fast 6000 Kiefern wurden gefällt, um den Platz wieder überblicken zu können und ihm seinen ursprünglichen Links-Charakter wieder zu geben. Zusätzlich wurden einige Löcher verlängert, weshalb der Platz auf eine beeindruckende Länge von 6417 Metern anwuchs. Mit diesen Maßnahmen erreichte man, dass die Zuschauer den Spielverlauf besser verfolgen können und zudem der Parcours für die Spieler noch anspruchsvoller wurde. Fest steht auch, dass die Zukunft Birkdales als Open-Austragungsort gesichert ist.

OBEN RECHTS: *Seve Ballesteros nimmt die Prämie für seinen zweiten Platz entgegen. Im Hintergrund sitzt Johnny Miller aus den USA, der 1976 in Birkdale seine einzige Open gewinnen konnte. Ballesteros gewann erstmals 1979 in Royal Lytham & St. Annes, 1984 in St. Andrews und ein drittes Mal 1988 erneut in Lytham.*

RECHTS: *Die Fairways in Birkdale verlaufen zwischen hohen Dünen, die mit Büschen und Ginster dicht bewachsen sind.*

Royal Birkdale
Aus der Sicht Gary Players

Golf-Journalisten verbinden sehr häufig meinen Open-Sieg 1959 mit Muirfield und den von Arnold Palmer mit dem Sieg 1961 in Birkdale. Das Gelände in Birkdale ist sehr wellig mit hohen, von dichten Büschen bewachsenen Dünen. Auch ist das Rough sehr dicht, und aus den Bunkern in schottischem Stil kann man manchmal nur rückwärts heraus spielen, da sie nach vorne allzu steil sind. Wind und Wetter einerseits und das Fehlen unfairer blinder Löcher andererseits machen aus diesem Parcours eine unverfälschte golferische Herausforderung, die ihresgleichen weltweit sucht.

ROYAL LYTHAM & ST. ANNES

Links im Inland

Der Golfclub Royal Lytham & St. Annes liegt im gleichnamigen Ort vor den Toren von Blackpool an der Westküste Englands an der Irischen See.

Ursprünglich befand sich der Club auf einem Links-Gelände, das man 1886 von der St. Annes-on-Sea Land and Building Company gepachtet hatte. Dazu gehörten auch neun eigene Löcher für die Damen. 1897 zog der Club auf das heutige Gelände an der Fylde Coast um. Für das Layout zeichnete George Lowe verantwortlich, auch wenn im Laufe der Jahre so berühmte Architekten wie Harry Colt, Herbert Fowler und C. K. Cotton ihre Spuren hinterließen.

Das Clubhaus im viktorianischen Stil wurde 1898 errichtet, nachdem die rund 750 Mitglieder die unglaubliche Summe von 8500 Pfund aufgebracht hatten. Das Haus ist fast unverändert und bildet die Grenze zum 18. Grün, das sich jedoch so knapp vor der Terrasse befindet, dass Gary Player 1974 gezwungen war, seinen dritten Schlag nur mit der linken Hand und mit der Rückseite seines Putters zu spielen. Immerhin – der Ball rollte bis aufs Grün.

Zu den British-Open-Austragungsorten gehört Royal Lytham seit 1926, als Bobby Jones hier den ersten seiner drei Open-Titel holte. Obwohl der Platz nicht direkt am Meer liegt, trägt er doch die Charaktereigenschaften eines typischen Links-Platzes, mit hohem Rough, Topfbunkern, welligen Fairways sowie einigen blinden Abschlägen. Allerdings ist der Bahnenverlauf nicht im üblichen Linksstil, das heißt, neun vom Clubhaus weg und neun wieder zurück. Insgesamt ändert man nicht weniger als zwölf Mal im Laufe der Runde die Richtung. Ungewöhnlich ist auch die Tatsache, dass die Runde mit einem Par 3 beginnt und dass es zwei Par 5 hintereinander gibt (Loch 6 und 7). Auf den zweiten neun Löchern gibt es hingegen nur ein Par 3 und nur ein Par 5.

Auf den ersten Blick wirkt das Design des Platzes recht einfach, doch quer einfallende Böen machen es sehr schwer, die Entfernungen einzuschätzen. Berühmt ist Royal Lytham für seine offenbar sinnlos platzierten Bunker, von denen einige auf den ersten Blick bedeutungslose Positionen einnehmen. Doch je nach Windverhältnissen rücken diese

LINKS: *Der Blick übers 18. Fairway in Royal Lytham & St. Annes. Das Grün befindet sich in unmittelbarer Nähe des imposanten, viktorianischen Clubhauses. Auf der linken Seite befindet sich der Abschlag zum 1. Loch, einem Par 3, was etwas unüblich ist. Unmittelbar dahinter befindet sich das Gästehaus des Clubs.*

plötzlich auf strategische Positionen, die den normalen Spielplan durcheinander bringen können.

Das 15. Loch, ein Par 4, ist ein perfektes Beispiel dafür, wie schwer der Platz sein kann. Es ist kaum länger als 430 Meter und doch lag der Durchschnittsscore des Teilnehmerfeldes bei der Open 1974 an drei Tagen über einem Schlag über Par.

Insgesamt gastierte die Open Championship neun Mal in Royal Lytham & St. Annes, wobei zwei Südafrikaner (Bobby Locke 1952 und Gary Player 1974) erfolgreich waren. Der Australier Peter Thomson gewann im Jahr 1958 und der Linkshänder Bob Charles aus Neuseeland triumphierte 1963. Tony Jacklin war 1969 der erste Engländer, der nach 18 Jahren einen Open-Titel holte. Severiano Ballesteros gewann in den Jahren 1979 und 1988, gefolgt vom Amerikaner Tom Lehman 1996, der als erster US-Profi überhaupt in Lytham siegte (vor Mark McCumber aus den USA und Ernie Els aus Südafrika).

OBEN: *Eine Gedenkplatte erinnert an den Schlag von Bobby Jones, der für seinen Sieg 1926 verantwortlich war.*

OBEN LINKS: *Seve Ballesteros beim Abschlag auf dem 9. Loch bei der Open Championship 1988, die er gewann. Ungewöhnlich war sein Sieg 1979, den er deshalb erzielte, weil er selbst verzogene Drives immer wieder rettete.*

OBEN RECHTS: *Traditionelle Topfbunker sind über den ganzen Platz verteilt und schützen auch die Grüns.*

Royal Lytham & St. Annes
Aus der Sicht Gary Players

Als Hale Irwin erstmals in Lytham war, wurde er mit den Worten zitiert, dies ähnele Golf auf dem Mond. In der Tat – die welligen, ja hügeligen Fairways tanzen quasi übers Gelände, so dass jeder Schlag zur Herausforderung wird. Sind die ersten neun Löcher noch verhältnismäßig kurz, so sind die zweiten angesichts des Windes um so länger. Als ich hier meine Open 1974 gewann, blieben dramatische Ereignisse nicht aus. Am letzten Spieltag landete meine Annäherung mit dem Eisen auf dem Grün, doch der Ball sprang darüber hinweg und lag direkt an der Wand des Clubhauses. Ich musste meinen Putter umdrehen und mit der linken Hand den Ball zurück aufs Grün schlagen.

ROYAL ST. GEORGE'S

Südenglands einziger Open-Parcours

SANDWICH, KENT, ENGLAND

Royal St. George's ist Englands bester und wohl auch geschichtsträchtigster Platz, fand hier doch das erste Open in England überhaupt statt. Auch danach war er noch weitere 11 Mal Austragungsort der British Open. 1894 war es der Sieg des Briten J. H. Taylor, dessen Triumph auch der Beginn der legendären Siegesserie von Taylor, Braid und Vardon – dem sogenannten Triumvirat – war.

Royal St. George's war ganz nach dem Geschmack Taylors, weshalb er auch der erste Golfer bei einer Open überhaupt war, der im Jahr 1904 eine Runde unter 70 Schlägen spielte. Das oben erwähnte Triumvirat gewann zwischen 1894 und 1914 insgesamt 16 von 21 möglichen Titeln. Auf Vardons Konto gingen zwei Siege in Royal St. George's,

was später Walter Hagen wiederholte. Auch er gewann 1922 und 1928 zwei seiner insgesamt vier Titel auf diesem Platz. 1949 triumphierte hier ferner der Südafrikaner Bobby Locke.

Für die Briten war 1985 ein wichtiges Jahr, konnte hier doch Sandy Lyle nach 16 Jahren britischer Siegesabstinenz gewinnen. Legendär ist der Open-Sieg des Australiers Greg Norman, der hier 1993 seinen zweiten Sieg einheimste und das trotz einer 63er- Runde des Amerikaners Payne Stewart, der damit die niedrigste Golfrunde bei einer Open Championship spielte.

Der Parcours befindet sich in den sandigen Hügeln an der Pegwell Bay in Südengland. Gebaut wurde Royal St. George's für den Schotten Dr. Laidlaw Purves, der 1880 aus Schottland hierher übersiedelte. Zu jener Zeit hatten Plätze im Inland kein hohes Ansehen, weshalb Purves sich nach einem geeigneten Gelände am Meer umsah, um einen Platz im schottischen Links-Stil für Golfer aus London bauen zu können. Das Land in der Nähe des Ortes Sandwich erachtete er für geeignet, und so gründete er 1887 die Sandwich Golfing Association, die es sich zur Aufgabe machte, einen Golfplatz zu bauen.

RECHTS: *Das 16. Grün ist in Royal St. George's von Bunkern umzingelt. Diese Tatsache erfordert einen präzisen Abschlag an diesem Par 3 gegen die vorherrschenden Winde. Auf diesem Links-Platz ist die Open Championship schon seit über einem Jahrhundert zu Hause. Erster Sieger war J. H. Taylor 1894.*

Royal St. George's
Aus der Sicht Gary Players

Wegen der Nähe zum Meer und der starken Winde ist der ohnehin schon schwierige Platz an der Pegwell Bay noch um ein Vielfaches schwerer. Bereits das wogende Rough am ersten Loch kann den Spieler einschüchtern, wie es auch die Bunker und gewaltigen Dünen vermögen, von denen der Ball in unvorhersehbare Richtungen abprallt. Auch die geduldigsten Spieler werden auf eine harte Probe gestellt. Noch heikler wird es – vor allem auf den Löchern 4 bis 8 –, wenn der Wind auffrischt. Das eigene spielerische Potenzial kann sich an nur einem Loch in einen wahren Albtraum verwandeln. Eine gute Runde in Sandwich ist andererseits ein befriedigendes Gefühl.

Trotz gelegentlicher Modifikationen ist der Platz heute noch im Originalzustand.

Der auf Par 70 angelegte Parcours misst 6337 Meter, was von den hinteren Abschlägen zur Folge hat dass der Ball häufig in Hanglage liegen bleibt. Seewinde sorgen für den restlichen Kick. Unvergesslich ist der Flaschen-Schlag, der St.

George's berühmt gemacht hat. Während der Open 1949 führte der Ire Harry Bradshaw in der letzten Runde, als er seinen Annäherungsschlag zum fünften Loch (Par 4) platzierte. Sein Ball rollte ins Innere einer zerbrochenen Bierflasche, die hinter dem Grün lag. Nach den Golfregeln hätte Bradshaw straffrei droppen dürfen und vermutlich hätte er

das Loch mit Par beendet. Offensichtlich jedoch war ihm die Regel nicht bekannt, und er spielte den Ball so wie er lag. Am Ende stand ein Doppelbogey 6 auf der Scorekarte, was ihn letztlich den Sieg kostete. Mit 283 Schlägen musste er mit Bobby Locke ins Play-Off, das Letzterer für sich entschied.

OBEN: *Harry Bradshaw aus Irland stand 1949 kurz vor dem Open-Sieg. Nach 72 Löchern allerdings musste er ins Stechen gegen den Südafrikaner Bobby Locke, nachdem er am fünften Loch der vierten Runde jenen unsäglichen Flaschen-Schlag machte.*

RECHTS: *Das reetgedeckte Starterhäuschen und eine Glocke befinden sich am ersten Abschlag. Ein zu kurzer Drive hat einen sehr schweren zweiten Schlag zur Folge, da der Ball dann in einer Senke mit dem Namen „The Kitchen" liegt.*

PORTMARNOCK

Eine ehrliche Herausforderung

COUNTY DUBLIN, IRLAND

Portmarnock ruht mitten in einer Flussmündung im County Dublin: W. C. Pickman und George Ross waren es, die zu der Insel ruderten, auf der sich – im Besitz der Whiskey-Dynastie Jameson – schon eine Art Golfplatz befand. Im Jahr 1894 war es dann soweit: Pickman und ein gewisser Mungo Park durften hier richtige neun Löcher bauen, die zweiten Neun folgten vier Jahre später. Und im Jahr 1970 erweiterte Fred Hawtree die Anlage um weitere neun Löcher.

Zwar gibt es heute eine Straße, die zu dem Gelände führt, aber zu Pickmans und Ross' Zeiten war es ein Fährmann, der über Wohl und Weh entschied. Und so ranken sich viele Legenden um diesen offensichtlich untoleranten Mann, der sich zum Beispiel weigerte, einen Geistlichen einer „anderen" Konfession nach Portmarnock zu rudern.

Der Parcours ist freilich ein typischer Links-Course, der wie wenige andere den Elementen ausgesetzt ist. Innerhalb weniger Stunden kann das Wetter von milder Sonne in einen heulenden Sturm umschlagen. Ursprünglich war der Platz nur 5304 Meter lang, doch mit der Entwicklung der Golfausrüstung – sowohl der Schläger als auch der Bälle – wurden die Bahnen nach und nach auf 6400 Meter ausgeweitet. Von zwölf Par-4-Löchern sind fünf länger als 374 Meter, und zwei der drei Par-5-Löcher sind mehr als 500 Meter lang.

Zahlreiche große Turniere wurden in Portmarnock ausgerichtet, unter anderem sogar die Britischen Amateurmeisterschaften 1949. Und natürlich war Portmarnock regelmäßig Austragungsort der Irish Open, die 1988 und 1989 der Waliser Ian Woosnam mit einem identischen Score von

Rechts: Das 6. Loch ist unglaubliche 550 Meter lang und nur eines von drei Par-5-Löchern, die in Portmarnock alle die 475-Meter-Grenze überschreiten. Den Platzrekord hält der Schotte Sandy Lyle mit einer 64, die er während der Irish Open 1989 spielte.

278 gewann. Fast legendär ist der Triumph des Deutschen Bernhard Langer, dessen schlechtestes Rundenergebnis 1987 eine 68 war und der mit 269 Schlägen – 19 unter Par – gewann.

Das beste Loch des Platzes ist vermutlich das 14., ein Par 4, das direkt auf die Irische See zusteuert. Auf der linken Seite des Fairways befinden sich zahlreiche Bunker, die die vom Wind abgetriebenen Bälle einsammeln. Auch das erhöht liegende, kleine Grün ist wie ein Festungsgraben von Bunkern umlagert. Gleich danach folgt mit der 15 ein spektakuläres, 174 Meter langes Par-3-Loch, das parallel zum Strand verläuft. Kenner behaupten, dass man speziell diese beiden Löcher gut spielen müsse, um einen akzeptablen Score für die Runde zu erzielen.

Da es in Portmarnock keine versteckten Hindernisse gibt, gilt der Platz als faire Herausforderung – freilich ohne die heute üblichen modernen Design-Spielereien.

Portmarnock
Aus der Sicht Gary Players

Portmarnock liegt nur wenige Meilen vor den Toren Dublins und ist für mich nicht nur einer der besten Plätze der Welt, sondern auch einer der schwierigsten. Wie die Plätze der Open Championship ist es ein typischer Links-Course, bei dem Wind, strategisch intelligent liegende Topfbunker, hohes Rough und schwierige Grüns die Hauptrolle spielen. Aber auch bei wenig Wind ist eine Runde durchaus eine Herausforderung, da man nicht mit den Elementen zu kämpfen hat und der Golfer sich statt dessen mit größerer Ruhe überlegen kann, wie er spielen muss.

RECHTS: *Das 15. Loch verläuft, wie auch andere, direkt am Strand entlang. Diese Löcher sind besonders den wechselnden Wetterbedingungen ausgesetzt, was selbst hartgesottenen Profis zu schaffen macht.*

ROYAL COUNTY DOWN

Majestätische Links

NEWCASTLE, NORDIRLAND

Auch Royal County Down im Städtchen Newcastle, nur etwa 50 Kilometer südlich von Belfast entfernt, zählt zu den schwierigsten Plätzen der Welt. Wie eine Sichel lehnt er sich an die Dundrum Bay, und an klaren Tagen kann man von hier aus den Slieve Donard, die Isle of Man 60 Kilometer östlich sowie auf der anderen Seite die Berge von Ballynahinch sehen.

Den Clubannalen zufolge datiert die Gründung County Downs auf das Jahr 1889. Old Tom Morris aus St. Andrews wurde für die fürstliche Summe von vier goldenen Guineas verpflichtet, den überwiegend von der Natur geschaffenen 9-Löcher-Platz umzubauen und weitere neun Löcher hinzuzufügen.

Im Laufe der Geschichte musste der Parcours eine Vielzahl von Veränderungen über sich ergehen lassen. Schon 1904 bat der damalige Golflehrer Seymour Dunn, den Platz überarbeiten zu dürfen. Dasselbe passierte 1908 durch Harry Vardon. Die letzten bedeutenden Umbauten hat Harry Colt im Jahr 1926 zu verantworten. Doch Letzterer wie all die anderen, die an dem Platz Hand anlegten, wollten stets das Natürliche dieses Geländes bewahren. Dazu gehörte freilich auch, dass die blinden Löcher nicht abgeschafft wurden.

Anders als übliche Links-Plätze besteht County Down aus zwei charakterlich völlig unterschiedlichen Spielschleifen. Zu verdanken hat der Club dies dem Gründungsmitglied und langjährigen Vorsitzenden des Pflegeausschusses, George Combe. In der Tat ist der Parcours ein Paradies für Traditionalisten. Links und rechts der schmalen Fairways türmen sich hohe Sandwälle, was jedem Loch eine unvergleichliche Privatssphäre und Einzigartigkeit verleiht.

Die ersten drei Löcher verlaufen parallel zur Dundrum Bay, wobei ein verzogener Drive angesichts der dicht mit hohem Gras und Ginster bewachsenen Sandhügel in der

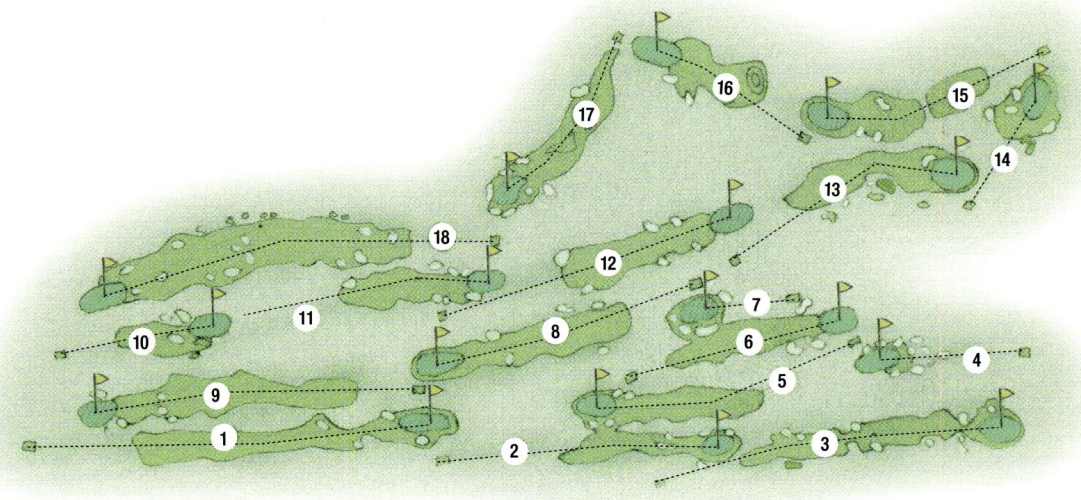

Rechts: Obwohl das 4. Loch (Par 3) 180 Meter lang ist, ist es nicht das schwerste kurze Loch – trotz zehn tiefer Bunker auf dem Fairway. Im Hintergrund liegen die Dundrum Bay sowie die Mountains of Mourne.

Regel aufgegeben werden muss. Als erschwerender Faktor kommen die Seewinde hinzu. Während der Ball ihnen an den geschützten Stellen nicht ausgesetzt ist, verändert er seine Flugbahn an den offenen Stellen nur allzu leicht.

Zweifellos eine Herausforderung sind die insgesamt fünf blinden Abschläge, bei denen man sich nur mit Hilfe von Markierungen orientieren kann. Bei einigen Grüns ist das Sichtfeld selbst bei der Annäherung verdeckt. Eine Eigenart sind auch die mit dichten Grasbüscheln bewachsenen Bunker, die den Hindernissen ein wildes Aussehen verleihen und die es noch schwerer machen, ihnen zu entkommen.

Insgesamt drei Par-3-Löcher sind länger als 183 Meter, und der Weg zum Grün ist mit tiefen Bunkern gepflastert und von undurchdringlichem Rough gesäumt. Bei den Par-5-Löchern ist nur das 9. kürzer als 457 Meter, wobei das 18. Loch 503 Meter lang ist. Trotz der Länge der Löcher beträgt die Par-72-Runde „nur" 6372 Meter.

Nur selten fanden in Royal County Down bedeutende Meisterschaften statt, was sicher mit der abseitigen Lage des Platzes zu erklären ist. Dennoch: Im Jahr 1970 krönte der Amateur Michael Bonallack seine Karriere hier mit dem fünften Amateur-Titel. Und 1999 kehrte diese Meisterschaft nach County Down zurück. Sieger wurde Graeme Storm.

Royal County Down
Aus der Sicht Gary Players

Möglicherweise ist dies der beste Platz in ganz Irland und vielleicht gehört er sogar zu den besten der Welt. Zweifellos ist er jedoch einer der schönsten. Die Atmosphäre gleicht irgendwie St. Andrews, wo nur Mutter Natur ihre Hände im Spiel hatte – von einer gewissen Unterstützung durch Old Tom Morris einmal abgesehen. Auf der Runde müssen etliche Bälle blind gespielt werden, weshalb die ohnehin langen Bahnen zur Ewigkeit gerinnen können, sollte der Ball in den Ginsterbüschen oder der Glockenheide landen. Erschwerend kommen die runden, schnellen Grüns hinzu.

Im Jahr 2000 wurden in Royal County Down die British Senior Open ausgetragen. Der Ire Christy O'Connor konnte seinen Titel erfolgreich verteidigen.

Oben: *Royal County Down an der Dundrum Bay ist ein seltenes Beispiel dafür, dass ein Links-Platz auch in spektakulärer Umgebung liegen kann. Obwohl die Natur hier die Hauptarbeit leistete, geht der erste Platzentwurf von 1889 aufs Konto von Old Tom Morris.*

ROYAL PORTRUSH

Im „Calamity Corner"

COUNTY ANTRIM, NORDIRLAND

Royal Portrush im gleichnamigen Ort im County Antrim ist einer der drei „königlichen" Plätze in Nordirland. Gegründet wurde der Club im Mai 1888 von Colonel J. M. McCalmont und J. S. Alexander, besser bekannt als der Admiral von Portlenone. Fünf Jahre später wurde der Club durch die Schirmherrschaft des Prince of Wales (und späteren Königs Edward VII.) zum Royal Portrush Golf Club geadelt.

Der erste und eigentlich berühmteste Platz befindet sich unmittelbar bei den Ruinen von Dunluce Castle. Während die ersten Neun noch im Gründungsjahr erbaut wurden, folgten die zweiten Neun mit einjähriger Verspätung, wobei acht Löcher parallel zur Küstenstraße angelegt wurden, die zum Giant's Causeway führen. Im Laufe der Jahre wurde der Platz jedoch mehr und mehr in Richtung See in die Dünen verlagert. Von den Gipfeln der Dünen aus kann man im Westen die Berge Donegals, im Norden die Insel Islay und die Südlichen Hebriden sowie den Giant's Causeway und die Skerries im Osten erblicken.

Die Fairways des Dunluce-Platzes sind nicht nur extrem schmal, sondern – vom 1. und 18. einmal abgesehen – als Dogleg in die ein oder andere Richtung angelegt. Spektakulär ist zweifellos das Grün des 5. Lochs (Par 4), das aussieht, als halte es sich an den Klippen fest. An Berühmtheit wird es höchstens vom 14. Loch, einem Par 3, übertroffen. Je nach Windverhältnissen sind für die 192 Meter bis zum Grün vom mittleren Eisen bis zum Driver alle Optionen offen. Dem Abgrund auf der rechten Seite verdankt das Loch aus gutem Grund den Spitznamen „Calamity Corner".

Im Jahr 1951 wurde die Open Championship in Royal Portrush ausgespielt, womit er der einzige irische Club war, dem diese Ehre zuteil wurde. Es siegte Max Faulkner. Den Platzrekord von 66 Schlägen spielte auf dem Par-73-Platz mit 6108 Metern im selben Jahr Jack Hargreaves.

Der Valley Course, der sich zwischen East Strand und dem Dunluce Course befindet, ist auf die Bedürfnisse der Damen zugeschnitten. Hier sind der Royal Portrush Ladies Club sowie der Rathmore Club zuhause.

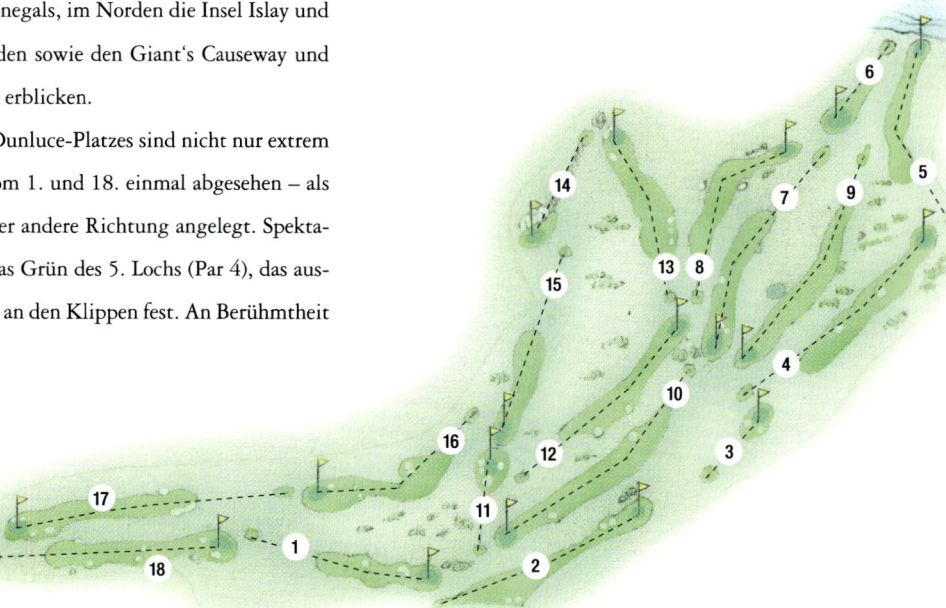

Vom Fairway des 2. Loches (Par 5) aus sieht man im Hintergrund die Stadt Portrush. Nur ein Mal wurde die Open Championship auf irischem Boden ausgetragen. Damals gewann der Engländer Max Faulkner.

Royal Portrush
Aus der Sicht Gary Players

*Dieser Parcours hat vielleicht nie die Anerkennung be-
kommen, die er verdient – möglicherweise wegen der
abgelegenen Lage an der Antrim-Küste nördlich von
Dublin. Portrush ist einer jener Plätze, bei denen das
Gleichgewicht zwischen den Spielbahnen und den ausge-
zeichneten Grüns stimmt. Man merkt, dass man im Club
großen Wert auf die Natürlichkeit des Platzes legt.
Hinzu kommen freilich die spektakulären Blicke auf
das Meer. Am 14. Loch lauert mit Calamity Corner
jener grasbewachsene Abgrund, den zu queren besonders
bei starkem Wind eine Herausforderung ist.*

OBEN: *In der Biegung des scharfen Doglegs am 13. Loch lauern
drei Bunker. Ein weiterer liegt direkt am Grün.*

LINKS: *Am 14. Loch, dem Calamity Corner, kann jeder Schläger
zum Einsatz kommen – vom Eisen bis zum Driver.*

SHINNECOCK HILLS

Ein Schotte in Amerika

SOUTHAMPTON, STAAT NEW YORK, USA

Seinen Siegeszug startete der Golfsport in den abgelegenen Küstenplätzen Schottlands, ging weiter nach England, um dann in die britischen Kolonien nach Indien, Neuseeland, Australien, später nach Europa, Südafrika und in die USA exportiert zu werden. Der erste Golfclub in Amerika wurde im Jahr 1888 gegründet, lag in Yonkers an der Ostküste und hieß natürlich St. Andrews. Amerikas erster 18-Löcher-Platz war der 1891 eröffnete Shinnecock Hills an der Ostküste, auf dem fünf Jahre später die zweite US Open ausgetragen wurde.

Es war im Winter 1889, als der Erbe des Vanderbilt-Imperiums, William K. Vanderbilt, Frankreich besuchte und dort den Schotten Willie Dunn Jr. kennen lernte. Dunn hatte sich als Platz-Designer in Biarritz hervorgetan, nachdem er zuvor als Golflehrer im britischen Westward Ho! tätig war. Vanderbilt jedenfalls leckte Blut und entschloss sich nach seiner Rückkehr in die USA, in seiner Sommerresidenz in Southampton auf Long Island einen eigenen Platz zu bauen. Er hatte – quasi im Gepäck – Willie Dunn dabei, der das Gelände für ideal erachtete. In der Tat – es befand sich direkt am Atlantik und war den vorherrschenden Winden ausgesetzt. Ferner bestach es durch sandige, langgezogene Hügel sowie hohes Gras, womit es dem schottischen Links-Charakter sehr nahe kam.

Mit Hilfe von 150 einheimischen Männern vom Stamm der Shinnecock, die das äußerste Ende der Insel bewohnten, vollendete Dunn noch 1891 die ersten zwölf Löcher. Mit Stanford White wurde ein weiterer Spitzenarchitekt jener Zeit mit dem Bau des Clubhauses beauftragt, das nach wie vor Platz und Umgebung beherrscht.

1892 beendete Dunn die verbleibenden sechs Löcher, so dass der 18-Löcher-Platz sich in der folgenden Zeit unter den reichen Sommergästen wachsender Beliebtheit erfreute. Shinnecock musste als erster Club Amerikas überhaupt eine Warteliste einführen. In den frühen Jahren spielten die Mitglieder noch in Anlehnung an britische Tradition in roten Jackets, womit zufällige Passanten vor den Golfern gewarnt werden sollten.

Obwohl in Shinnecock 1896 die US Amateur-Meisterschaften, die US Open sowie 1900 die Damen-Amateur-Meisterschaften ausgetragen wurden, maß der Platz nur eine Länge von 4572 Metern und war damit für weitere Meisterschaften einfach zu kurz. Dick Wilson verlängerte die Bahnen im Jahr 1931 auf ihre heutige Ausdehnung von 6349 Metern. Dies gilt zwar heute wieder als kurzer Platz, doch angesichts der vorherrschenden Südwestwinde, müssen einige der 3er- und kurzen 4er-Löcher des Par-70-Platzes voll gegenan gespielt werden.

Seinen Status als Major-Austragungsort erhielt der Platz dennoch erst im Jahr 1986 wieder, als die US Open 90 Jahre nach ihrer Premiere nach Shinnecock zurückkehrte. Zwar stellten drei Spieler den Platzrekord von 68 Schlägen ein, doch die schmalen, welligen Fairways mit hohem Rough und die zahlreichen Bunker galten als sehr anspruchsvoll. Es gewann übrigens der Amerikaner Ray Floyd mit 279 Schlägen, einem unter Par. Auch der Sieg des Amerikaners Corey Pavin bei der US Open 1995 lag Level Par. Und so dürfte der Platz für die US Open des Jahres 2004 gut gerüstet sein.

Das Eröffnungsloch in Shinnecock heißt übrigens Westward Ho! nach jenem Platz in England, auf dem der Schotte Willie Dunn als Golf-Professional gearbeitet hatte, bevor er in die USA auswanderte. Die größte Verwandtschaft mit einem schottischen Parcours ist am 18. Loch erkennbar. Bezeichnend für dieses Par-4-Loch sind die welligen Fairs und tiefen Roughs links und rechts. Der häufig auftretende Wind von rechts erschwert das Bemühen, den Ball auf der Bahn zu halten. Bei der Annäherung schließlich lauern zwei tiefe Bunker unmittelbar vor dem Grün. Insgesamt ist dieses Loch ein würdiger Abschluss für einen schwierigen und abwechslungsreichen Platz.

OBEN RECHTS: *Das 17. Loch in Shinnecock Hills. Auf dem Weg zum Grün müssen dichtes Rough und tiefe Bunker überwunden werden.*

Shinnecock Hills
Aus der Sicht Gary Players

Shinnecock Hills ist im wahrsten Wortsinne der erste richtige Golfplatz Amerikas – und er ist ein Kunstwerk mit Herz und Seele. Auch wenn er faktisch kein echter Links-Platz ist, weil man auch nicht gegen die See direkt ankämpft, so spielt er sich wenigstens wie einer. Besonders heikel sind die Annäherungsschläge. Jedes einzelne Loch unterscheidet sich vom vorhergehenden und bleibt dabei stets eine faire Herausforderung. Das Spiel auf diesem Parcours birgt für mich immer besondere Erinnerungen. Der Sonnenuntergang in Long Island über der Bucht ist kaum zu übertreffen.

RASPBERRY FALLS

Golf und Jagd auf einer Himbeer-Plantage

LEESBURG, VIRGINIA, USA

Der Staat Virginia, nahe der Bundeshauptstadt Washington DC, ist beileibe nicht der Ort, an dem man einen Golfplatz im schottischen Links-Stil erwarten würde. Und dennoch: Nur 15 Minuten vom Flughafen entfernt, befindet sich der Golf- und Jagdclub Raspberry Falls in Leesburg, Virginia. Eröffnet wurde der Platz aus der Feder Gary Players im Oktober 1996 – und es ist der einzige Entwurf Players in Virginia.

Der 6575 Meter lange Par-72-Platz führt mitten durch eine Obstplantage, die im 18. Jahrhundert angelegt wurde. Obwohl das übliche Landschaftsbild mit Felsen, welligen Weiden, altem Baumbestand und sich windenden Bächen nicht so richtig zu einem typischen Links-Platz passen will, gibt es hier dennoch weite Ausblicke. Wenn man sich die schottischen Eigenheiten vor Augen führt, dann merkt man, wie sehr sie letztlich an diesem Ort auch berücksichtigt wurden. Selbst tiefe Topfbunker mit Steilwänden gehörten zu Players Repertoire.

Die britische Lebensart setzt sich im „Hunt Club" fort, nicht nur wegen des imposanten Südstaaten-Stils des Clubhauses, sondern auch wegen des Jagd-Dresses, den die Angestellten tragen. Wen verwundert es da, dass die Fuchsjagd zu Pferde in Virginia immer mehr Freunde gewinnt. Selbst englische Jäger finden sich im Herbst, Winter und Frühling im Loundoun Hunt West zur Jagd ein. Dazu eignet sich der Golfplatz mit seiner Umgebung mit den Mauern, Hecken und Bächen perfekt. Und so mancher Golfer findet sich plötzlich mitten in einer Jagdgesellschaft wieder, wenn Pferde und Meute die Fairways kreuzen.

Gary Player selbst beschreibt es mit den Worten, das Raspberry Falls mit keinem anderen Platz jenseits des

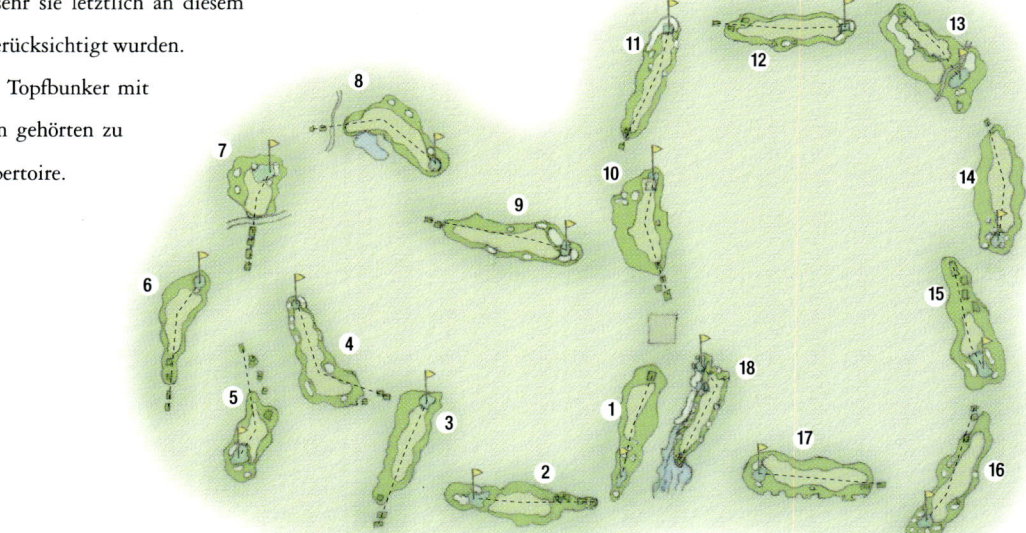

RECHTS: *Das wellige Terrain der ehemaligen Himbeer-Plantage bot Architekt Gary Player ideale Verhältnisse, um einen Golfplatz nach schottischem Vorbild zu entwerfen. Das Clubhaus im Südstaaten-Stil beheimatet auch den Loudoun Hunt West Fox-Hunting Club.*

Atlantiks zu vergleichen ist. Obwohl hier keine großen Meisterschaften ausgetragen werden, gehört der öffentliche Platz zu jenen Adressen, die den Reiseaufwand lohnen.

Raspberry Falls
Aus der Sicht Gary Players

Raspberry Falls ist einer meiner liebsten öffentlichen Plätze, und ich habe es richtig genossen, ihn zu entwerfen. Es ist eine Anlage, die zu den besseren Adressen gehört, weil den Spielern hier jene Aufmerksamkeit entgegen gebracht wird, die sie von einem Country Club erwarten. Moderne Golfplatz-Architektur gepaart mit der entsprechenden Ausrüstung sorgten dafür, dass mit Raspberry Falls eine Replik eines schottischen Golfplatzes entstand. Für viele Amerikaner sind die tiefen Bunker hier, wie man sie an Englands Küsten findet, eine ungewohnte Erfahrung.

SEMINOLE

Ein Klassiker von Donald Ross

NORTH PALM BEACH, FLORIDA, USA

Mit wachsender Popularität des Golfsports im Amerika der 20er-Jahre, konnte man sogar von einem Goldenen Zeitalter der Platzarchitektur sprechen. 1929 kreierte der schon zu Lebzeiten legendäre Donald Ross den Seminole Golf Club an der Küste Floridas. Geboren wurde Ross im schottischen Dornoch, wo er im Golfclub Royal Dornoch zunächst als Greenkeeper und als Golf-Professional arbeitete. Nach seiner Auswanderung in die USA 1899, verdingte er sich im berühmten Golfresort Pinehurst in Massachusetts, wo er bis zu seinem Tod im Jahr 1948 als Golf-Direktor blieb. Aufgewachsen auf einem Links-Platz, flossen viele schottische Spielelemente in die von Ross entworfenen Plätze ein. Offensichtlich wird dies auf dem offenen, fast links-ähnlichen Gelände in Seminole, wo neben zahlreichen Bunkern auch viele Wasserhindernisse vorkommen. Die natürlichen Konturen der Landschaft wurden beibehalten, wobei Bäume eher selten sind. Trotz einiger Umbauten durch Dick Wilson im Jahr 1947 und Ed Connor im Jahr 1991, zeichnet sich Seminole immer noch durch den unverwechselbaren Ross-Charakter aus. Zahlreiche Löcher wurden auf den Ozean ausgerichtet, vor allem das 381 Meter lange 18. Loch (Par 4). Das Gelände ist in der Regel flach, wobei Abschläge und Grüns leicht erhöht liegen. Mitten auf dem Parcours kommt eine sanfte Anhöhe ins Spiel. Das Golfer-Paradies Florida wartet mit vielen Spitzenplätzen auf, so dass es schon etwas bedeutet, dass Seminole vier Jahre lang in Folge zum besten Golfplatz des Staates ausgewählt wurde. Die Fachzeitschrift *Golf Digest* zeichnete den Platz mit diesem Titel von 1995 bis 1998 aus. Ferner gilt der 18-Löcher-Platz mit 6206 Metern und einem Rating von 73,6 von den langen Abschlägen laut einer Aufstellung der Zeitschrift *Golfweek* als viertbester klassischer Platz in den USA (1999).

RECHTS: *Das Clubhaus sowie die Driving Range in Seminole aus der Vogelperspektive. Deutlich erkennbar ist der offene Charakter des Platzes sowie der starke Seewind. Das beste Loch ist zweifellos das 18., ein Par 4, das entlang der Küstenlinie verläuft.*

Seminole
Aus der Sicht Gary Players

Es ist der erste Platz, auf dem ich in den USA spielte – damals gemeinsam mit Ben Hogan, der hier Mitglied war und hier am liebsten übte. Einmal sagte er: „Wenn man Seminole bewältigt, kann man auf jedem Platz der Welt spielen." Der Parcours verläuft entlang der Dünen direkt an der Küste und erfordert sehr genaue Abschläge. Bezeichnend ist die Atmosphäre sowie der abwechslungsreiche, mit vielen Bunkern versehene Platz, der stets erstklassig gepflegt ist. Bekannt ist Seminole ferner für seine Gastfreundschaft sowie die schon legendären Umkleideräume.

OBEN: *Bunker sind das Markenzeichen, wie hier beim Blick übers 13. Loch, einem Par 3.*

OBEN: *Das 7. Loch (Par 4) auf den Links von Fancourt. Das flache Ackerland diente lange Zeit auch als Sportflugzeug-Landeplatz. Durch den Einsatz von schwerem Gerät gelang es dem Design-Team um Gary Player über 700.000 Kubikmeter Erde zu bewegen, so dass ein natürlich aussehender Parcours mit Erhebungen und Wasserhindernissen entstand. Als Vorbild dienten die Links-Plätze in Schottland und Irland. Gary Player wird sogar mit den Worten zitiert: „Natürlich erfordert es einige Vorstellungskraft, aber ich glaube, hier ist ein Meisterwerk entstanden.“*

Die Links in Fancourt
Aus der Sicht Gary Players

Dies ist aus meiner Sicht einer der besten Plätze der Welt, obwohl er auf dem denkbar schlechtesten Untergrund entstand, den man sich vorstellen kann – auf der Tonerde eines ehemaligen Flugplatzes. Ich bin stolz, hier als Platz-Designer mitgearbeitet zu haben und könnte mir kein besseres Ergebnis vorstellen. Die Vorgabe war, dass die Golfer sich fühlen sollten wie in Ballybunion, Dornoch oder St. Andrews – mit welligen Fairways, Topfbunkern, großen Grüns, hohem Rough und dem Eindruck, in Seenähe zu sein.

DIE LINKS IN FANCOURT

Der schwerste Platz Südafrikas

GEORGE, SÜDAFRIKA

Das Fancourt Golf and Country Club Estate befindet sich in der kleinen Stadt George, knapp 400 Kilometer von Kapstadt entfernt. Gebaut wurde das Resort zu Beginn der 80er-Jahre, wobei sich aufzeigende finanzielle Schwierigkeiten vom deutschen Software-Millionär Hasso Plattner abgewendet werden konnten. Plattner scheute keine Kosten und Mühen, um einen weiteren Platz, einen Übungsparcours mit vier Löchern sowie eine Golfschule zu bauen. Inzwischen gehört Fancourt zu den besten Golfadressen Südafrikas.

Als intimer Kenner der Plätze in Ballybunion in Irland sowie anderer Links in Schottland, machte sich Gary Player daran, aus dem ehemaligen Flugplatzgelände und einer Müllhalde einen Parcours zu gestalten, der unter Fachleuten als sein Meisterwerk gilt. Tausende von Tonnen mussten verschoben werden, um eine Struktur in das Gelände zu bringen und um den gewünschten Links-Effekt zu erzielen.

Ergebnis ist ein Platz, der zu den schwersten golferischen Herausforderungen Südafrikas gehört. Gary Players Anspruch war dabei stets, wie er selbst sagt, „eine Anlage zu schaffen, bei der Fairness das oberste Gebot ist". In der Tat –

die Fancourt-Links sind lang und schwierig, wobei sie als zusätzliche Erschwernis den Winden ausgesetzt sind, die von den Outeniqua Mountains herunter wehen. Fancourt hält den Vergleich mit den besten Links in Schottland und Irland stand, nicht zuletzt wegen der abgeschiedenen Bahnen zwischen massiver Dünenlandschaft, dem wogenden Seegras des Roughs, den teilweise bzw. völlig blinden Abschlägen sowie Annäherungen auf ondulierte Grüns. Selbst Feuchtgebiete, wie sie in den Küstenregionen Schottlands und Irlands vorkommen, wurden in das Platzlayout integriert, damit, so der Wunsch Gary Players, „jeder seine ureigene British Open spielen kann".

Eröffnet wurde Fancourt Links im November 2000. Er ist der einzige der vier Fancourt-Plätze, der auch Nicht-Mitgliedern bzw. jenen offensteht, die nicht im Fancourt-Hotel wohnen. Im Jahr 2002 findet hier der President's Cup statt, bei dem die besten Professionals der Welt ihr Können unter Beweis stellen.

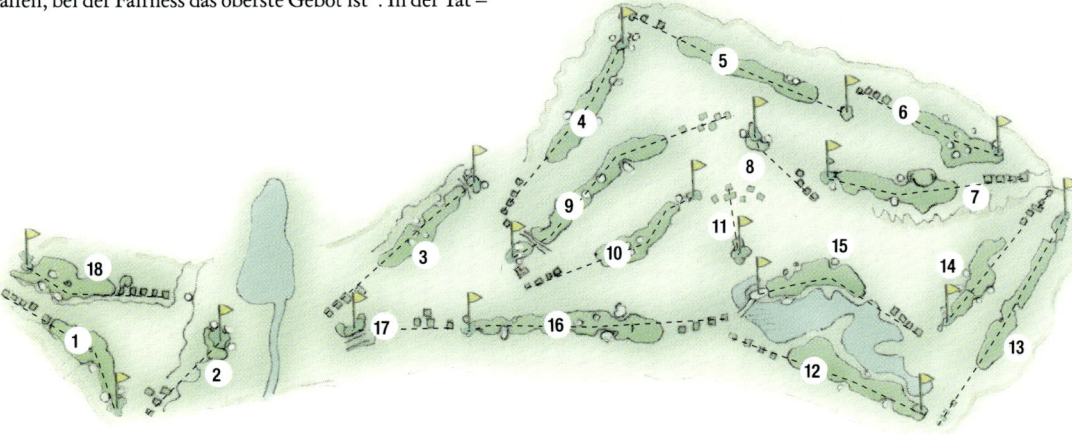

RECHTS: *Die Annäherung auf das Grün des 3. Lochs (Par 4) muss lang genug sein, um die Stufe und den Bach zu überwinden, die wie auf einem klassischen Links-Platz das Fairway kurz vor dem Grün kreuzen.*

Noordwijk
Aus der Sicht Gary Players

Dieser erstklassige Platz war schon mehrmals Austragungsort der Dutch Open, einem Profiturnier mit langer Tradition. Noordwijk vereint vorzüglich Charaktereigenschaften von Links- und von Inland-Plätzen zu einer fairen Herausforderung. Dies liegt nicht zuletzt auch an den breit gefächerten Abschlägen, die Golfern aller Spielstärken entgegen kommen. Einerseits pfeift es durch die Dünen, andererseits rauschen die Wälder – dieser ungewöhnliche Mix erinnert mich zum Beispiel an Spyglass Hills auf der California Monterey Peninsula. Wenn der Wind aufbrist, wird es in Noordwijk – wie auf allen Linksplätzen – ungemütlich. Spätestens dann wird der Platz alle Fähigkeiten des Golfers fordern.

OBEN: *Das Clubhaus in Noordwijk überragt das Grün des 9. Lochs.*

NOORDWIJK

Ein holländisches Meisterwerk

NOORDWIJK, NIEDERLANDE

*J*m Jahr 1999 feierte der Golfclub Noordwijk seinen 85. Geburtstag, u. a. mit der Ausrichtung der 81. Dutch Open. Der Platz, auf dem das Turnier stattfand, ist allerdings einige Jahre jünger. 1971 musste der alte 9-Löcher-Parcours wegen der Stadterweiterung Noordwijks weichen und der Golf Club musste auf ein Gelände einige Kilometer nördlich umziehen. Hier konnten 18 Löcher sowie drei Übungsbahnen angelegt werden. Dieser neue Parcours genießt indes große internationale Anerkennung und ist aus dem europäischen Turnierkalender nicht wegzudenken. Wer hier erfolgreich spielen will, benötigt zuerst einmal Geduld. Es ist ein typischer Links-Platz, der sich direkt an der Küste befindet und vor allem bei Südwest-Winden Zähne zeigt. Gebaut wurde der 6291 Meter lange Parcours (Par 72) vom britischen Platzarchitekten Frank Pennink. Seit 1978 wurde hier bereits neun Mal die Dutch Open ausgetragen. Im Jahr 2000 siegte der Australier Stephen Leaney mit einem Score von 19 unter Par (269). Unvergessen ist der Sieg des Spaniers Seve Ballesteros im Jahr 1986 – und das aus mehreren Gründen. Er gewann mit einem Vorsprung von acht Schlägen und damit genauso souverän wie bei der Durch Open im Kennemer Golf Club zehn Jahre zuvor. Ein Rekord, der 1991 (vom inzwischen tödlich verunglückten) Payne

Stewart eingestellt wurde. Ballesteros' Sieg ist auch deshalb in die Annalen des Sports eingegangen, weil er der erste europäische Golfer war, der mehr als eine Million Pfund an Preisgeld gewinnen konnte.

Allerdings war das Turnier von 1986 durch einen Anschlag von Anti-Apartheid-Demonstranten auf das 3. und 11. Loch gekennzeichnet, so dass die Verantwortlichen die beiden betroffenen Grüns für eine Runde sperren mussten. Der Sieger-Score von Ballesteros belief sich daher auf 271 Schläge über nur 70 Löcher.

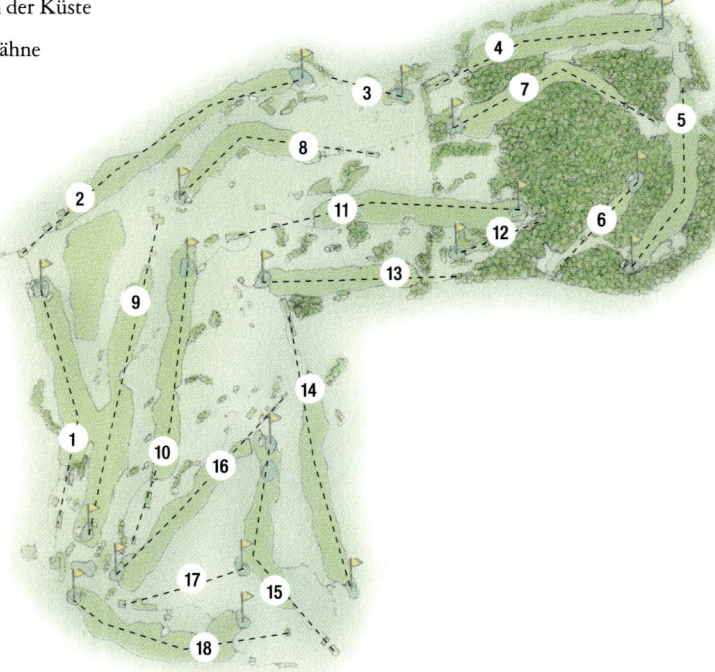

LINKS: *Die welligen Dünen, das offene Terrain und das dichte Rough sind die typischen Ingredienzien eines Links-Courses wie am 15. Loch in Noordwijk. Die Dutch Open wird traditionell in der Woche nach der British Open ausgetragen und fand schon neun Mal in Noordwijk statt.*

SAND RIVER

Links, von Palmen gesäumt

SHENZHEN BAY, CHINA

Sand River befindet sich nur 15 Autominuten von Hongkong entfernt in der Provinz Shenzhen, wo der gleichnamige Fluss in der Shenzhen Bay im Südchinesischen Meer mündet. Trotz der exotischen Umgebung kommt auf dem Gary-Player-Platz durchaus britisches Links-Feeling auf. Vielleicht liegt es an der permanenten Seebrise, die den Golfern zu schaffen macht und die auf den ersten Blick einfach aussehende Par-4-Löcher zu wahren Monstern werden lässt.

Zwar gibt es auf dem Platz weitaus weniger Bunker als man es auf einem richtigen Links-Course erwarten würde – und wenn, dann in langgestreckter Form. Doch viele Grüns werden durch eine Art Verteidigungszone beim Anspielen bewacht. Die Grüns selbst liegen erhöht und sind im Links-Stil gehalten. Der Einsatz von Wasserhindernissen sorgt für eine zusätzliche Erschwernis des Platzes. Die Bälle verhalten sich jedoch anders als auf klassischen Links, aus denen sie üblicherweise lang ausrollen. In Sand River sind die Fairways treu, der Ball bleibt in der Landezone liegen. Als echte Schwierigkeit erweisen sich die unzähligen Palmen, die einen immer wieder daran erinnern, dass man sich hier nur auf einem linksähnlichen Platz befindet.

Neben der 18-Löcher-Anlage gibt es auch noch einen 9-Löcher-Flutlichtplatz sowie eine Gary-Player-Übungsanlage, Tennisplätze, ein Restaurant und sogar eine Karaoke Bar.

Sand River
Aus der Sicht Gary Players

Mein Design-Team und ich haben diesen Parcours auf einem Gelände angelegt, das dem Südchinesischen Meer abgerungen wurde. Der Golfsport in China befindet sich im Aufschwung, und ein Platz wie Sand River sorgt dafür, dass auch das internationale Ansehen wächst.

RECHTS: *Die linksähnlichen Buckel und Bunker in Sand River zu Füßen der Berge von Hongkong. Mit zunehmendem Alter werden die Palmen auch einen gewissen Schutz vor dem Seewind bieten.*

KAU SAI CHAU

St. Andrews in Hongkong

JOCKEY CLUB, KAU SAI CHAU PUBLIC GOLF CLUB, HONGKONG

Der Kau Sai Chau Golf Club ist einer von zwei öffentlichen Golfanlagen im beengten Hongkong. Im eigentlichen Sinne sind es sogar zwei Plätze auf einem Gelände – der Nord- und der Südplatz, die sich in ruhiger und idyllischer Umgebung befinden. Am nördlichen Ende der Kau Sai Chau Insel hat man fantastische Ausblicke auf die Berge von Sai Kung und auf das Festland von Honkong.

Wenig überraschend ist die Tatsache, dass kein Platz aus der Feder Gary Players sich durch besondere Länge auszeichnet. Dafür liegen die Grüns und Abschläge recht nah beieinander. Und wie bei eigentlich allen Links-Plätzen spielt der Wind auf beiden Anlagen eine entscheidende Rolle. Je stärker er wird, desto größer sind auch die Schwierigkeiten.

Der Nord-Parcours zeichnet sich durch einige spektakuläre Löcher aus. Auf dem 3. Loch (Par 3) z.B. muss ein Wasserhindernis auf dem Weg zum Grün, das durch einen Wall geschützt wird, überwunden werden. Das Grün ist obendrein sehr wellig, was zur Folge hat, dass man nach 157 Metern das Par noch retten muss.

Auch der Abschlag von einem höher gelegenen Plateau zum 425 Meter langen 9. Loch (Par 4) hat es in sich. Ein langes Eisen ist bis zum Grün erforderlich, um die heftigen Luftströmungen durch ein schmales Tal unbeschadet zu überwinden.

Interessant ist auch das 15. Loch, das auf der linken Seite stark zu einem Tal abfällt. Hier befindet sich übrigens die Brutstätte einer seltenen Insektenart, weshalb das Gelände beim Bau auch nicht angetas-

tet werden durfte. Dieses Loch überwältigt zudem durch einen Panoramablick über den Platz hin zu dem imposanten Clubhaus und weiter übers Meer. Beim 17. Loch (Par 5) kommen auf der rechten Seite des Fairways etliche Bunker ins Spiel, so dass man sich beim Abschlag links halten muss – eine Spieltaktik, die sich mehrfach wiederholt.

Auf dem Südkurs ragt vor allem das sehr kurze 16. Loch mit dem Zoysia-Grasbunker heraus, weshalb man auf der nur 98 Meter langen Bahn einen präzisen Abschlag zustande bringen muss. Erreicht wird der öffentliche Golfplatz übrigens per Fähre vom Hafen Sai Kung. Neben den Plätzen gibt es ferner eine Driving-Range mit 72 Abschlagplätzen, eine Golf-Akademie, mehrere Restaurants sowie andere Einrichtungen, etwa einen Minigolf-Platz.

Kau Sai Chau
Aus der Sicht Gary Players

Die britische Marine nutzte das Gelände, auf dem sich heute der Nord- und der Südkurs befinden, früher als Zielscheibe. Dadurch war der Boden starker Erosion ausgesetzt. Heute kann es der 36-Löcher-Platz mit jeder öffentlichen Anlage weltweit aufnehmen. Mehr noch – bezüglich des Ratings wird Kau Sai Chau von Experten oft in einem Atemzug mit St. Andrews und Pebble Beach genannt, was mir als Golfplatzarchitekt besonders schmeichelt. Bezüglich der Qualität und der landschaftlichen Schönheit, die sich auf der Runde entlang der Südchinesischen See erschließen, gibt es zwischen den beiden Plätzen keinen großen Unterschied.

LINKS UND OBEN RECHTS: *Die beiden 18-Löcher-Plätze befinden sich auf einem ehemaligen Manövergelände. Kau Sai Chau zeichnet sich durch links-ähnliche Charakteristika aus – weite, wellige Fairways, strafende Roughs und Bunker sowie einige wenige Bäume.*

PARKLAND-GOLFPLÄTZE

Von Maschine und Menschenhand

Der Schritt des Golfspiels weg von der Küste und den Links ins Landesinnere ist ein logischer Prozess, der mit der natürlichen Entwicklung des Sports einher ging. Heute machen Inlandplätze weltweit die Mehrheit aller Anlagen aus, wobei die meisten sogenannte Parkland-Plätze sind.

Die Bezeichnung Parkland ist eine treffende Beschreibung, da sie die charakteristischen Merkmale wie parkähnliche Atmosphäre, hoher Baumbestand und natürliche Elemente beinhaltet. Ein Schlüsselbegriff für diese Art Golfplatz ist der Reifestatus, der die Größe der Bäume entlang der Fairways, die Wasserhindernisse sowie das Untergehölz beschreibt und damit Aussagen darüber trifft, wie alt und etabliert die Anlage ist.

Das Geheimnis eines Golfplatzes liegt im Ziel bzw. in der Zielfläche. Während die Spieler auf einem Links-Parcours ihren Ball möglichst flach halten, werden die Grüns auf Parkland-Plätzen in der Regel hoch angespielt. Auf Linksplätzen sind die Grüns üblicherweise sehr hart – anders als im Inland, wo sie weich sind und der Ball nach dem Aufkommen treu bleibt. Ein interessanter Aspekt ist ferner die Tatsache, dass auf einem Linksplatz normalerweise vom Abschlag zum Grün dieselbe Grasart verwendet wird, auf einem Parkland-Platz hingegen sind es unterschiedliche Arten – gängig sind Bermuda-Gras für die Fairways sowie Bent-Gras für die Grüns.

Da auf Inlandplätzen hoher Baumbestand üblich ist, müssen die Spieler bei langen Schlägen die Bälle auf eine bestimmte Flugbahn bringen. Die Fähigkeit, hoch oder flach zu spielen, ist daher weniger wichtig als bei Bedarf den Ball drawen oder faden zu können.

Inlandplätze lassen sich in zwei Kategorien einteilen – in die klassischen und in die modernen Plätze. Ältere Anlagen, die vor dem zweiten Weltkrieg entstanden, gelten üblicherweise als klassische Plätze, während Anlagen jüngeren Datums zu den modernen Designs zählen.

Allerdings sind in letzter Zeit viele klassische Layouts modernisiert worden, wobei die Bunker und Grüns in der Regel ausgeweitet wurden. Großer Wert wird stets darauf gelegt, den klassischen Charakter und die Atmosphäre beizubehalten. Moderne Plätze hingegen werden mit originellen Details angereichert, so etwa alten Bahnschwellen in den Bunkern oder überdimensionalen Wasserhindernissen.

In Anbetracht der Tatsache, dass die meisten Golfplätze weltweit inzwischen im Inland angelegt wurden, mag es nicht verwundern, dass auch die hoch dotierten Turniere immer mehr auf Inlandplätzen ausgetragen werden. Nur die British Open ist eine Ausnahme, sie findet immer auf einem Links-Parcours statt. Dafür sind alle anderen Major-Turniere in der Regel auf Inland-Plätze festgelegt.

Die US Open zum Beispiel wird immer auf einem Parkland-Platz ausgetragen. Und selbst ein Platz wie Pebble Beach, direkt am Ozean, auf dem Tiger Woods im Jahr 2000 seine Rekordjagd eröffnete, ist im eigentlichen Sinne ein Parkland-Platz. Zu den legendären Parkland-Layouts der US Open gehören Anlagen wie Winged Foot in New York, Congressional in Washington, Oakmont in Pennsylvania sowie Pinehurst in North Carolina. Auch Wentworth, einer der berühmtesten Inlandplätze Englands, ist auf ein bestimmtes Turnier abonniert. Seit über dreißig Jahren wird hier die World Matchplay Championship ausgetragen.

Zwei der drei besten Plätze in den USA (nach einer Erhebung der amerikanischen Zeitschrift *Golfweek*) sind ebenfalls Inlandplätze. Zum Einen Pine Valley und zum Anderen Augusta National, Austragungsort der US Masters. Letzteres Turnier dürfte dafür gesorgt haben, dass der Platz wohl der berühmteste Inlandplatz überhaupt geworden ist. Gary Player hat einmal gesagt: „Wenn es denn im Himmel einen Golfplatz gibt, dann hoffe ich, dass es der Augusta National ist. Mein Wunsch wäre nur, dass meine Tee-Time nicht so früh morgens ist."

OBEN: *Das 10. Loch im spanischen Valderrama in Sotogrande. Dieser Platz ist ein typischer Vertreter eines Inland-Platzes, wobei die Bäume sich stets in der Landezone der Drives befinden und dadurch auch die Annäherung zu den Grüns erschwert. 1997 war Valderrama zum ersten Mal überhaupt auch Austragungsort des alle zwei Jahre stattfindenden Ryder Cup, dem Wettkampf zwischen den besten amerikanischen und europäischen Spielern.*

OBEN: *Mit 425 Metern ist das 5. Loch in Oakland Hills ein langes Par 4 in typischer Parklandschaft. Große Bäume und kleine Bäche sind immer im Spiel. Dieser schon legendäre Platz war zwischen 1924 und 1996 nicht weniger als sechs Mal Austragungsort der US Open. 1996 gewann der Amerikaner Steve Jones sein erstes Major mit einem Score von 278 Schlägen über vier Runden.*

AUGUSTA NATIONAL
Die Vision des Bobby Jones

AUGUSTA, GEORGIA, USA

Es ist der zweifellos berühmteste und auch exklusivste Club in den USA: Der Augusta National, geistiges Kind des legendären Amateurgolfers Bobby Jones, der im Jahr 1930 in England und in den USA jeweils die Amateur-Meisterschaften und die British bzw. US Open gewann. Gemeinsam mit seinem Freund und Geschäftspartner Clifford Roberts suchte und fand Jones das Gelände, auf dem er einen Golfplatz in höchster Qualität errichten wollte, der nationale Anerkennung erlangen sollte. Trotz des Börsencrashs und anschließender Weltwirtschaftskrise gelang es ihnen, reiche Geschäftsleute zu finden, die die Wirren der 30er-Jahre überstanden hatten und die das Projekt finanzieren konnten. So versammelten sich im Jahr 1933 rund 80 Gründungsmitglieder im neuen Augusta National, um Jones als Präsidenten und Roberts als Chairman zu wählen.

Der Platz indes wurde von Dr. Alister Mackenzie und Bobby Jones bereits im Dezember 1932 offiziell eröffnet, wenige Monate vor der eigentlichen Clubgründung.

1934 wurde erstmals das Masters-Turnier ausgerichtet, das ursprünglich Augusta National Invitational hieß. Schon ein Jahr später gelang Gene Sarazen jener Schlag, der um die Welt hallte und ihn zur lebenden Golflegende machte. Mit einem Holz 4 lochte er am 15. Loch,

einem Par 5, mit dem zweiten Schlag ein – und das Turnier war plötzlich in aller Munde. Absolute Perfektion, nicht zu übertreffender Pflegezustand – das war fortan die Messlatte, an der alle Parkland-Plätze weltweit gemessen wurden.

Zur Berühmtheit haben es inzwischen alle Löcher gebracht, doch das sogenannte Amen Corner mit den Löchern 11, 12 und 13 ist sicher die Kombination, die alle Jahre wieder am letzten Turniertag über die finanzielle Zukunft eines Spielers entscheidet. Und während der psychologische Druck auf den letzten neun Löchern wächst, muss so mancher Golfer nach einem Fehlschlag seine Wünsche und Träume im allgegenwärtigen Rae's Creek beerdigen.

LINKS: *Bevor der Spieler im legendären Amen Corner landet, gilt es das 10. Loch zu bewältigen – mit 443 Metern das zweifellos längste Par 4 aller Major-Turniere. Der Abschlag zur Zehn beginnt neben dem Clubhaus mit einem Drive hangabwärts.*

Das Clubhaus aus dem Jahr 1854 wurde vom Besitzer der Indigo-Plantage, Dennis Redman, erbaut und gilt übrigens als die erste Zement-Konstruktion des südlichen Amerikas. Legendär auch die sogenannte Magnolia Lane, die es in Richtung Clubhaus zu spielen gilt. Gesäumt wird das 230 Meter lange Fairway zum Clubhaus von etwa 60 Magnolien-Bäu-

men, die um 1860 angelegt wurden. Natürlich wird auch das Platzdesign in Augusta immer wieder überarbeitet, was der Vorstand unter dem Begriff „verbessern" verstanden haben möchte. In der Tat geht es um die Höhe des Semi-Roughs und um minimale Verlängerungen der Löcher, um so der sportlichen Entwicklung entgegen zu kommen.

Augusta National
Aus der Sicht Gary Players

Augusta National gehört neben Cypress Point und The Links in Fancourt zu meinen drei liebsten Plätzen weltweit. Als Austragungsort der Masters jedes Jahr im April ist das Turnier zugleich der Startschuss zur neuen Golfsaison. Und was für ein Start – mit blühenden Bäumen und Azaleen, wohin das Auge blickt. Dass ich dieses Turnier drei Mal gewinnen konnte, ist mir sehr wichtig. Immer noch werde ich gefragt, welcher Sieg mir denn am meisten bedeute, doch ist dies ähnlich unbeantwortbar wie die Frage an Eltern, welches ihrer Kinder sie denn am meisten lieben.

OBEN LINKS: *Tom Watson streift Gary Player nach seinem Gewinn der US Masters 1978 das Grüne Jackett um. In der letzten Runde spielte Player eine 64, wobei er für die letzten Neun nur 30 Schläge benötigte. Mit 42 Jahren war Player der bis dahin älteste Masters-Champion, was aber 1986 von Jack Nicklaus mit 46 Jahren überboten wurde.*

OBEN: *Das 1947 restaurierte 16. Loch (Par 3) erfordert einen präzisen Abschlag, da auf der gesamten Länge Wasser überwunden werden muss. Das Grün hängt obendrein von rechts nach links.*

RECHTS: *Auf dem langen Par 3 des 4. Lochs spielt der einfallende Wind eine große Rolle auf dem Weg zum sichelförmig angelegten Grün.*

COUGAR POINT

Ein Meisterwerk im Marschland

KIAWAH ISLAND RESORT, KIAWAH ISLAND, SOUTH CAROLINA, USA

Es ist eigentlich nichts weiter als ein Streifen von 16 Kilometern – Kiawah Island vor der Küste South Carolinas. 16 Kilometer voller Buchten und ursprünglichem Marschland. Im Süden grenzt die Insel mit insgesamt fünf außergewöhnlichen Plätzen an den Atlantik, im Norden an den Kiawah River.

Die Liste der Platzdesigner in Kiawah Island liest sich in der Tat wie das *Who is Who* der Golfplatz-Architektur. Pete Dye, Tom Fazio, Clyde Johnston, Jack Nicklaus und Gary Player – sie kreierten jeweils auf diesem gewaltigen Dünengelände mit Kiefern, Eichen und Palmen einen unverwechselbaren Meisterschaftsplatz. Die Namen der Golfplatz-Ansammlung sprechen für sich – Oak Point, Cougar Point, Turtle Point, Osprey Point und der Ocean Course. Jeder für sich ein Einzelstück, das so unterschiedlich ist wie die Architekten-Persönlichkeiten.

Eine typischer Gary-Player-Entwurf ist Cougar Point, dessen insgesamt 5792 Meter (Par 71) lange Bahnen durch ein weitläufiges Marschland führen, bei dem man weite Ausblicke auf Kiawah River sowie die vorgelagerten Marschwiesen hat. Durch die Lage am westlichen Zipfel der Insel, windet sich der Parcours zwischen West Beach Village, und dem Fluß durch das Marschland. Deshalb ist Wasser das dominierende Stilmittel. Insgesamt gibt es Wasserhindernisse an 13 Löchern. Obwohl der Platz relativ kurz ist, verfügt er über sehr kleine, stark gewellte Grüns aus Bermuda-Gras. Erschwerend kommen die schmalen Fairways hinzu, auf denen präzise Drives unverzichtbar sind. Cougar Point stellt jeden guten Golfer vor eine schwere Aufgabe, doch dank der verschiedenen Abschläge bereitet der Platz auch hohen Handicappern Freude.

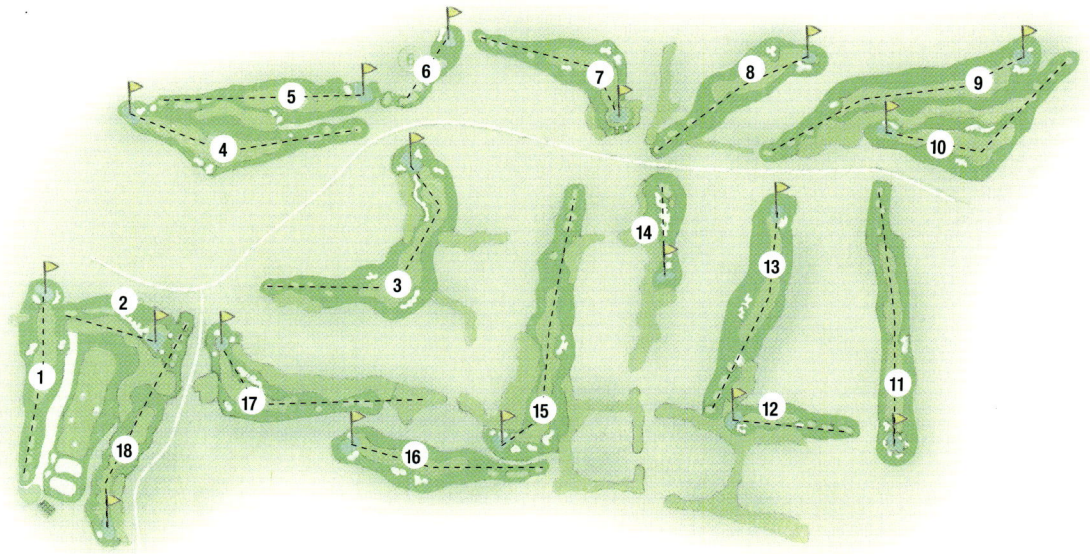

LINKS: *Das Grün des 5. Lochs in Cougar Point befindet sich auf einer Halbinsel, die ins feuchte Marschland hinein reicht. Kiawah Island ist im Hintergrund zu sehen. Gary Player ist einer von fünf modernen Golfplatz-Architekten, die auf der Insel einen Meisterschaftsplatz gebaut haben.*

Cougar Point
Aus der Sicht Gary Players

Da es auf Kiawah Island bereits viele unterschiedliche Plätze gab, mussten mein Design-Team und ich etwas Besonderes leisten – und ich glaube, es ist uns gelungen. Je nach Abschlagposition bietet der Platz jedem Spieler seine Herausforderung. Kiawah Island ist ein Paradies für Golfer, und Cougar Point befindet sich unmittelbar am Meer. Es ist ein Platz, den man immer wieder spielen kann und auf dem man immer etwas Neues entdeckt – sei es aus spielerischer Sicht oder in der abwechslungsreichen Natur, in die er eingebettet ist.

OBEN LINKS: *In einer vom Wasser geprägten Landschaft kommen Wasserhindernisse an 13 Löchern ins Spiel. Im Bild das 17. Loch in Cougar Point, bei dem überdies Bunker und Palmen das Grün begrenzen.*

OBEN RECHTS: *Pinien, Eichen und Palmen dominieren das Marschgelände von Cougar Point am westlichen Zipfel von Kiawah Island.*

DIAMOND RUN

Ein Edelstein im Rough

SEWICKLEY, PENNSYLVANIA, USA

Diamond Run Golf Course ist der existierende Beweis dafür, dass mit Planung und Anstrengung eine Wohnanlage und ein Golfplatz sich nicht ausschließen. Diamond Run ist ein erstklassiger 18-Löcher-Platz inmitten eines gut positionierten Wohnkomplexes. Der Reiz ist deshalb umso größer, da Gary Player nicht nur das Design des Platzes, sondern auch dessen Bau auf dem welligen und waldigen Gelände beeinflusste.

Der (von den Meisterschaftsabschlägen) 6331 Meter lange Parcours wurde 1992 als private Anlage in einem Teilhabermodell errichtet. Die offizielle Eröffnung fand 1994 statt, und schon 1998 war die Mitgliedschaft trotz eines Einstandspreises von 27.000 Dollar auf 300 Mitglieder angewachsen. Im selben Jahr verkauften die Besitzer von Diamond Run den kleinen und exklusiven Club an die Club Corporation, einen der größten Golfplatz-Betreiber in den USA. Dafür kassierten die Eigner nicht weniger als 10,6 Millionen Dollar und zudem das Recht, auf über 200 Plätzen und Resorts in ganz Amerika spielen zu dürfen.

Gary Players Handschrift ist auf dem Platz überall wieder zu er-

kennen: Weitläufige Fairways, von denen sich das Rough deutlich absetzt, sowie treue Grüns. Am spektakulärsten ist das 16. Loch, ein 384 Meter langes Par 4 mit einem erhöhten Abschlag. Eine tiefe Schlucht erstreckt sich über die gesamte Länge des Doglegs nach links. Riesige Felsbrocken befinden sich direkt hinter dem Grün, so dass Spieler, die sich bei der Schlägerwahl verschätzt haben, bei der Annäherung in Schwierigkeiten geraten. Bei zehn Löchern kommen zudem Wasserhindernisse ins Spiel, wobei drei mal sogar übers Wasser hinweg geschlagen werden muss.

Der Diamond Run Wohnkomplex befindet sich auf einem 130 Hektar großen Gelände. Hinzu kommen die 200 Hektar für den 18-Löcher-Platz, so dass ein ruhiges und natürliches Ambiente gewährleistet ist.

LINKS UND OBEN RECHTS: *Der von Gary Player entworfene Diamond Run Golf Club in Sewickley, Pennsylvania, liegt in einer sehr ausgeprägten Landschaft mit viel Baumbestand und relativ lockerer Bebauung.*

Diamond Run
Aus der Sicht Gary Players

Aus meiner Sicht ist dies der beste Wohn-Golf-Komplex, den ich je gesehen oder auch entworfen habe. Die Häuser stehen hoch über den Fairways, so dass die Spieler nie dass Gefühl haben, sie befinden sich in einem Wohngebiet. Andererseits können die Hauseigentümer die schönen Ausblicke auf den Platz genießen. Das Clubhaus thront hoch oben auf einem Hügel, von dem aus man ebenfalls schöne Ausblicke hat. Die meisten Grüns liegen in Amphitheater-ähnlichen Mulden, die von Bäumen und Bunkern umgeben sind.

INVERNESS

Die Hinkle-Abkürzung

TOLEDO, OHIO, USA

Heutzutage sind Profispieler akzeptierte Mitglieder der Golfgemeinschaft, einererseits wegen ihrer spielerischen Fähigkeiten, andererseits auch wegen ihrer äußeren Umgangsformen, die mit ihrem hoch bezahlten Status einher gehen. Das war nicht immer so. Zu Beginn des 20. Jahrhunderts war die Trennung zwischen der wohlhabenden Elite – in der Regel Amateurspieler – und den Golf-Professionals stark ausgeprägt. Diese überholten Traditionen endeten eigentlich mit der US Open 1920 im Golf Club Inverness in Toledo, Ohio. Zum ersten Mal überhaupt wurde den Profigolfern erlaubt, das Clubhaus zu betreten und die Umkleideräume bzw. das Restaurant zu nutzen – und das auch noch durch den Haupteingang.

Die gastfreundliche Geste des damaligen Clubpräsidenten J. P. Jermain wurde von den Profis dankbar aufgenommen. Der zweimalige US-Open-Sieger Walter Hagen schenkte dem Club eine Uhr mit Glockenspiel und der Inschrift „Gott misst den Menschen nach seinem Wesen und nicht nach seinem weltlichen Besitz. Diese Botschaft soll mit dem Glockenspiel erklingen als ‚Stimme von Inverness'". In jenem denkwürdigen Jahr, als die US Open erstmals in In-

verness ausgetragen wurde, siegte der Pfeife rauchende Brite Ted Ray.

Obwohl der Club schon im Jahr 1903 mit zunächst neun Löchern eröffnet wurde, dauerte es bis 1919, als der schottische Golfplatz-Architekt Donald Ross den Platz um weitere neun Löcher in dem waldigen und welligen Gelände erweitert hatte und er seinen Status als Meisterschaftsplatz erhielt. Seitdem wurde die US Open erst drei Mal in Inverness ausgetragen. Vor jedem Turnier – 1931, 1957 und 1979 – wurde der Platz modifiziert. Das erste Mal von A. W. Tillinghurst, später von Dick Wilson und schließlich von George Fazio. 1986 und 1993 hatte Inverness die Ehre, die

RECHTS: *Das Grün des 5. Lochs in Inverness ist von großen Bunkern umgeben. Charakteristisch für diesen Platz sind die unzähligen Sandhindernisse sowie die pfeilschnellen Grüns auf dem parkähnlichen Gelände.*

USPGA Championship austragen zu dürfen, wobei zwei Ereignisse in der Major-Geschichte des Clubs unvergessen bleiben.

Während der ersten Runde der US Open 1979 war es ein gewisser Lon Hinkle, der eine ungewöhnliche Abkürzung auf dem Weg zum 8. Grün wählte. Das längste Loch des Platzes maß 483 Meter, wobei Hinkle die Alternativ-Route über das daneben gelegene 17. Loch wählte. Durch diesen Trick verkürzte er das 8. Loch um ganze 55 Meter, und beendete es schließlich mit einem Birdie. Die Organisatoren zeigten sich so konsterniert, dass sie zum Erstaunen aller Spieler über Nacht eine Kiefer pflanzten, die den Weg vom 8. Abschlag zum 17. Fairway versperren sollte. Der Baum war immerhin sieben Meter groß und hatte am Fuß einen Umfang von fünf

Metern. Davon jedoch unbeeindruckt spielte Hinkle seinen Ball über den Baum hinweg, weshalb Letzterer seitdem den Namen „Hinkle-Tree" trägt. In jenem Jahr gewann Hale Irwin seine US Open, gefolgt von Gary Player, dem US Open Champion von 1965.

Inverness ist für seinen Meisterschaftsplatz berühmt-berüchtigt, nicht zuletzt wegen der pfeilschnellen Grüns und der zahlreichen Bunker. Und so dauerte es bis 1986, dass bei der USPGA Championship über die vier Runden des 6284 Meter langen Platzes Par gebrochen wurde. In jenem Jahr gewann Bob Tway mit acht unter Par und einem Score von 276 Schlägen seine erste und einzige Major. Sein Triumph ist verbunden mit einem unvergessenen Schlag. Mit 324 Metern ist das 18. Loch des Platzes auch das kürzeste Par

4. Das kleine Grün wird links und rechts von etlichen Sandhindernissen verteidigt, und so landete Tways Annäherung prompt im Bunker vor dem Grün. Doch Tway blieb ruhig und rettete Ball und Sieg (über Greg Norman) mit einem eingelochten Bunkerschlag. Greg Norman übrigens hatte auch 1993 das Nachsehen, als er bei der USPGA Championship im Stechen gegen Paul Azinger unterlag und dieser seinen ersten und einzigen Major-Titel holte.

Obwohl es in Inverness nur drei Par-3- und zwei Par-5-Löcher gibt, was für einen US-Open-Parcours recht ungewöhnlich ist, hat der Par-71-Platz ein Rating von 74,3. Damit liegt auf der Hand, dass Inverness zu den anspruchsvollsten Herausforderungen in der Welt des Golfsports gehört.

Inverness
Aus der Sicht Gary Players

Auf diesem welligen Gelände mit Bäumen, Bächen, unzähligen Bunkern und ausgeformten Grüns hat jener Spieler einen Vorteil, der sehr gerade schlagen kann. Die erstklassigen Abschläge sowie die strategisch liegenden Bunker sind für Mann und Frau ein golferisches Highlight.

OBEN LINKS: *Zwei kleine Bäche gehören zu den ständig wiederkehrenden Spielelementen in Inverness. Viele Grüns werden von ihnen geschützt.*

OBEN: *Ein Flight auf dem Weg zum 18. Grün. Obwohl das Par-4-Loch nur 323 Meter lang ist, legte Platzarchitekt Donald Ross etliche Hindernisse unmittelbar vor das kleine Grün, so dass unpräzise Schläge gleich bestraft werden.*

MANHATTAN WOODS

Still und unverdorben

ROCKLANDS COUNTY, NEW YORK, USA

Der Manhattan Woods Golf Club liegt in West Nyack im Rocklands County und ist aus Manhattan, aus dem Norden New Jerseys und Connecticut eigentlich leicht zu erreichen – wenn man ihn kennt.

Der Parcours in idyllischer Waldlage ist der erste Platz aus der Feder Gary Players in der New Yorker Gegend. Eröffnet wurde der 6492 Meter lange Parcours im September 1998. Von etlichen Löchern aus hat man einen grandiosen Blick auf Manhattan. Aus spielerischer Sicht zeichnet sich der Parcours durch seine unterschiedlichen Abschläge aus, was Golfer aller Spielstärken eine faire und anspruchsvolle Runde ermöglicht.

„Ich weiß, dass es eine schwere Aufgabe ist, aber ich möchte, dass Manhattan Woods zu den fünf besten Plätzen der Metropole gehört", meint Ken Lee, Eigner des Platzes: „Ich wollte, dass das Gelände seinen natürlichen Charakter beibehält und nicht mit Hunderten von Eigenheimen zugepflastert wird. Der Besitz soll vor allem ein ruhiger Garten bleiben, den die Mitglieder genießen können."

So ist auch die Beschränkung auf 240 Vollmitglieder, 40 Auswärtige sowie 100 passive Mitglieder zu verstehen, die die Infrastruktur des Clubhauses nutzen können.

Gary Player ist davon überzeugt, dass Manhattan Woods ein Himmel für jene sein muss, die in New York City arbeiten: „In Manhattan Woods wollten wir eine Umgebung schaffen, in der die Menschen entspannen und genießen können. Von hier aus kann man die Skyline von Manhattan bewundern und sich darüber freuen, nicht im Stau zu stecken oder im Büro zu sitzen. Schnell wird man feststellen, wie sehr die Schönheit der Natur sich auch auf die Seele auswirkt."

Dieser noch junge 18-Löcher-Platz, der von kleinen Bächen und Feuchtgebieten durchzogen ist, hat das Zeug, ein außergewöhnlicher Parkland-Course zu werden. Dies in einer Region mit berühmten Nachbarn, wie Winged Foot, Westchester, Oak Hill, die allesamt große Turniere auf der amerikanischen Tour ausgerichtet haben.

RECHTS: *Manhattan Woods ist das erste Golfplatzprojekt Gary Players in der New Yorker Gegend. Eröffnet wurde die Anlage im September 1998. Von den welligen Bahnen aus, hat man viele Ausblicke auf die nahe gelegene Metropole.*

OBEN: *Trotz seines jugendlichen Alters wurde Manhattan Woods für die Ausrichtung des Karrie Webb Celebrity Pro Am ausgesucht, ein Turnier zugunsten der Behindertenstiftung des querschnittsgelähmten Schauspielers Christopher Reeves. Vorgesehen ist ferner ein Turnier der US Senioren-Tour.*

Manhattan Woods
Aus der Sicht Gary Players

Es ist der erste Platz, den ich in der New Yorker Gegend bauen durfte. Und dieser private Platz sollte eine Hommage an die pulsierende Metropole sein. Obwohl man die berühmte Skyline vom Golfplatz aus sehen kann, ist vom üblichen Stress in der New Yorker City nichts zu spüren. Dank der ruhigen und natürlichen Umgebung auf diesen welligen, baumgesäumten Fairways zählt der Platz schon jetzt zu den echten Herausforderungen. Mit zunehmendem Alter wird der Parcours reifen und an Statur noch gewinnen.

MEDINAH

Lang und gnadenlos

PLATZ NR. 3, MEDINAH, ILLINOIS, USA

Der Parcours vor den Toren Chicagos wurde um 1920 von einer Wohltätigkeitsorganisation mit dem Namen „Ancient Arabic Order of Nobles of the Mystic Shrine" gebaut. Den Auftrag für das Platzdesign erhielt der schottische Architekt Tom Bendelow, der insgesamt 54 Löcher auf dem 263 Hektar großen Gelände westlich des Lake Michigan anlegen sollte. Der zu Berühmtheit gekommene Platz Nummer 3 war ursprünglich für die Damen vorgesehen, verständlich bei einer Länge von damals 5683 Metern. Heute ist der Platz 6788 Meter lang.

Nach seiner Vollendung stellte sich schnell heraus, dass er für Frauen zu schwer war, und Nummer 3 ging wieder an die Männer. 1930 gewann Harry Cooper mit einer 63 in der letzten Runde den Titel der US Open. Konsequenz: fünf Löcher wurden komplett neu angelegt, um künftig ähnliche Ergebnisse zu vermeiden.

Abgesehen von der Länge zeichnet sich Medinah durch 4200 Bäume sowie ein unnachgiebiges Layout aus, bei dem es darauf ankommt, den Ball genauestens zu platzieren. Der Parcours befindet sich auf einem 85 Hektar großen Areal, wobei nur zwölf Hektar von den Fairways eingenommen werden. Addiert man dann noch die permanenten Winde aus Richtung der Seen rund um Chicago hinzu, verwundert es kaum, dass die USGA den Par-72-Parcours mit einem Rating von unglaublichen 77,1 versah.

Obwohl die Umgebung Chicagos überwiegend flach ist, trifft dies auf Medinah nicht zu. Etliche der als Dogleg angelegten Löcher folgen dem Auf und Ab des Geländes, was die richtige Schlägerwahl selbst ohne Wind erschwert. Die in der Regel sehr flachen Grüns werden durch eine Vielzahl von Bunkern verteidigt. Und schließlich kommt auch noch an drei Par-3-Löchern – zwei von ihnen sind über 180 Meter

RECHTS: *In Medinah muss ein Arm des Lake Kadijah gleich mehrmals überquert werden. Von den insgesamt vier Mal betrifft dies drei Par-3-Löcher (das 2., das 13. und das 17.) sowie das lange 14. Loch, ein Par 5.*

lang – Wasser ins Spiel. Am 17. Loch muss man vom Abschlag aus übers Wasser des Lake Kadijah (benannt nach der Frau des Propheten Mohammed).

Ebenso ungewöhnlich ist das Clubhaus, das 1920 für die unglaubliche Summe von 600.000 Dollar gebaut wurde. Die Architektur ist in der Tat einzigartig durch die Mischung aus byzantinischem und orientalischem Stil, Louis XIV – sowie einigen italienischen Renaissance-Elementen. Die Krönung des Ganzen bildet eine Kuppel mit 18 Metern Durchmesser und spektakulären Mosaiken.

Insgesamt drei US Open wurden in Medinah ausgetragen. 1949 gewann Dr. Cary Middlecoff, 1975 Lou Graham sowie 1990 der 45-jährige Hale Irwin, der für seinen Sieg über 91 Löcher gehen musste, um schließlich der älteste US-Open-Sieger überhaupt zu werden (nach den vier Runden folgte ein Stechen über 18 Löcher gegen Mike Donald sowie ein zusätzliches Extra-Loch, weil immer noch keine Entscheidung gefallen war). Die PGA Championship 1999 ging an Tiger Woods, der den spanischen Jungstar Sergio Garcia auf dem Weg zu seinem zweiten Major-Sieg nach der Masters 1997 bezwang.

Medinah
Aus der Sicht Gary Players

Tiger Woods gewann in Medinah seine erste USPGA Championship und auch ich hatte das Vegnügen, 1988 gegen Bob Charles im Stechen die US Senior Open zu gewinnen.

Der Platz zeichnet sich durch hängende Grüns und mächtige Eichen entlang der Fairways aus. Das meiner Meinung nach anspruchsvollste Loch ist das lange 17., ein Par 3, bei dem man über den Lake Kadijah hinweg spielen muss. Und wenn man schon von Länge spricht, dann darf das 7. Loch mit über 550 Metern nicht fehlen – auch wenn dies die heutigen Longhitter keineswegs schreckt.

OBEN: *Das 1924 gebaute Clubhaus in Medinah vereint die unterschiedlichsten Stilrichtungen.*

RECHTS: *Das 17. Loch wurde eigens für die US Open 1990 angelegt. Leider erwies es sich als Flopp und musste erneut aufgebaut werden.*

OAKMONT

Eine natürliche Landschaft

OAKMONT, PENNSYLVANIA, USA

Der Oakmont Country Club in Oakmont, Pennsylvania, verdankt seine Existenz dem örtlichen Stahl-Magnaten Henry C. Fownes, der es sich zum Ziel gesetzt hatte, einen so schwierigen Platz zu bauen, der selbst die besten Spieler der Welt in die Knie zwingen sollte. Innerhalb von sechs Wochen stellte er 1904 mit der Hilfe von 150 Mann und 25 Mulis die ersten zwölf Löcher des Platzes fertig. Die restlichen sechs folgten noch im selben Jahr.

Als der Flachland-Platz eröffnet wurde, hatte er ein Par von 80 bei insgesamt 220 Bunkern und nicht weniger als fünf Par-5-Löchern und einem Par 6. Schon ein Jahr später ließ Fownes, dem nachgesagt wurde, Bunker seien für ihn eine fixe Idee, weitere 130 anlegen – insgesamt waren es also 350 Bunker.

Zwei von ihnen sind legendär in der Welt des Golfsports. Der eine heißt „Sahara" und befindet sich am 8. Loch; „Church Pews" heißt der andere und trennt das 3. und 4. Fairway voneinander. Allein für den Bau des 73 Meter langen und 32 Meter breiten Sahara-Bunkers wurden elf LKW-Ladungen Sand benötigt. Der 55 mal 37 Meter große „Church Pews"-Bunker wartet mit sieben parallelen Grasinseln auf, die den Bunker queren.

Auch wenn Sandhindernisse auf dem Platz dominieren mögen, sind es doch die zermürbenden Grüns, an die sich die Turnierbesucher immer erinnern. Bei den US Open von 1927 und 1935 siegten Tommy Armour und Sam Parks, der den Platz kannte wie seine Westentasche, mit Scores von 301 bzw. 299 Schlägen. Bedenkt man, dass zu diesem Zeitpunkt Par bei 288 Schlägen lag, zeigt dies die Härte des Platzes und beweist, dass selbst große Spieler kleinzukriegen sind.

Nach dem 2. Weltkrieg entschied sich der Club, Oakmont etwas zu entschärfen. Die Fairways wurden verbreitert und die Zahl der Bunker auf knapp unter 200 reduziert. Lange Jahre ging man in Oakmont seine eigenen Wege. Bis es 1953 und 1962 zu Auseinandersetzungen mit der amerikanischen Golf

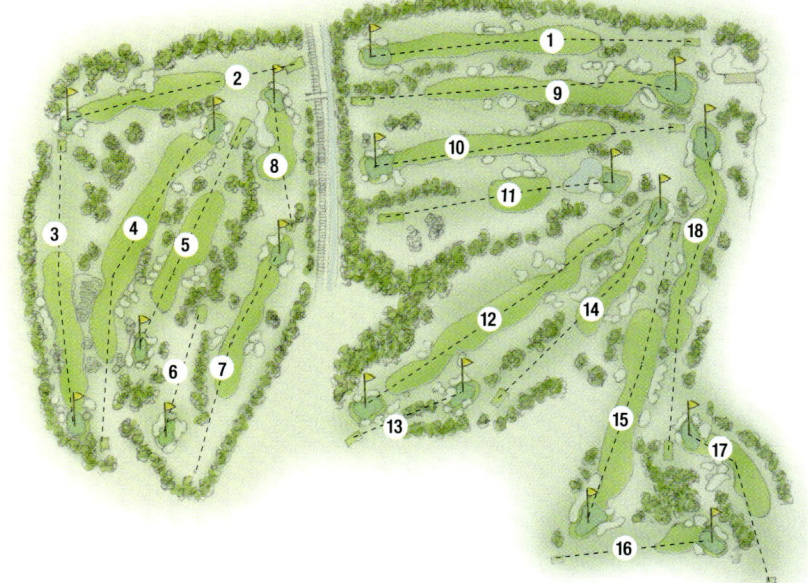

Rechts: *Sand, wohin das Auge blickt. Das 14. Loch erfordert nicht umsonst einen genauen Drive, damit der Ball zwischen den Bunkern ein gutes Plätzchen findet. Hat man es einmal aufs Grün geschafft, wartet die nächste Herausforderung – die Grüns sind extrem schnell.*

Association kam. Es ging um die Form der benutzten Rechen, denn die in Oakmont eingesetzten Bunkerharken hinterließen im Sand tiefe Furchen, in die die Bälle hinein rollten und aus denen es kein Entkommen gab. Kontroversen gab es erneut 1983 aus Anlass der US Open, da das Rough an manchen Stellen 23 Zentimeter hoch war und den Spielern nichts anderes übrig blieb, als den Ball aufs Fairway zu hacken.

Angesichts dieser Differenzen ist es vielleicht verwunderlich, dass Oakmont den Rekord an ausgetragenen US Open hält. Und alle wurden von Amerikanern im Stile eines Ben Hogan oder Jack Nicklaus gewonnen. Jedenfalls bis 1994, als der Südafrikaner Ernie Els im Playoff gegen Loren Roberts und Colin Montgomerie triumphierte. Els siegte erst im Sudden Death nach drei Löchern, nachdem er die 18 Löcher des regulären Stechens gleichauf mit Loren Roberts (beide 74 Schläge) absolviert hatte. Der glücklose Montgomerie hingegen lag vier Schläge zurück. Und schließlich: Oakmont ist der einzige Golfplatz in den USA, der zum nationalen Naturdenkmal erklärt wurde – eine Auszeichnung, die man ihm 1987 offiziell verlieh.

Oakmont
Aus der Sicht Gary Players

Wer in Oakmont bestehen will, muss strategisch spielen und sollte den Platz möglichst gut kennen. In früheren Tagen wurden die Bunker mit langen Rechen geharkt, die tiefe Furchen im Sand hinterließen. Und wenn man einmal in solch einem Graben gelandet war, konnte man nichts anderes tun, als seitlich heraus zu chippen. Zum Glück haben sich die Zeiten geändert. Viele Bäume wurden entfernt und der Platz gleicht nun mehr denn je dem urspünglichen Design. Berühmt-berüchtigt ist Oakmont auch für seine pfeilschnellen Grüns und die unzähligen Bunker, wie etwa „Church Pews".

LINKS: Der unsägliche „Church Pews"-Bunker befindet sich zwischen dem 3. und 4. Loch, so dass er auf beiden Bahnen ins Spiel kommt.

PINE VALLEY

Einer der schwersten Plätze Amerikas

CLEMENTON, NEW JERSEY, USA

Die Idee hatte George Crump, Besitzer des Colonnades Hotels in Philadelphia, Pennsylvania, der den Flecken Erde aussuchte, auf dem sich der Golf Club Pine Valley heute befindet. Als ehrgeiziger Golfer pendelte er häufig per Zug zwischen dem Philadelphia Country Club und Atlantic City, wo er regelmäßig spielte. Auf einer dieser Reisen entdeckte er ein Stück Land, von dem Crump glaubte, es würde für einen Golf Club ideal sein. Ihm gelang es schnell, 18 seiner Golffreunde davon zu überzeugen, jeweils 1000 Dollar zu investieren, damit sie die 75 Hektar Land voll mit Kiefern und Eichen, Sümpfen und Büschen zu erwerben.

Mit den Bauarbeiten wurde im Jahr 1912 begonnen. George Crump lebte in einem kleinen Bungalow neben dem künftigen Platz, um die Baumfällarbeiten sowie den Bau der Wasserdämme zu beaufsichtigen. Mit Hilfe des britischen Architekten Harry S. Colt, dem späteren Erbauer von Wentworth, wollte Crump seinem Ziel, den schwierigsten Golfplatz der Welt zu bauen, näher kommen. Die Arbeiten gingen nur langsam voran. 1918 waren erst 14 Löcher fertiggestellt, als Crump starb. Er hatte 250.000 Dollar seines eigenen Vermögens in

den Traum investiert. Zum Glück war auch nach seinem Tod soviel Geld übrig, dass man Hugh Wilson, dem Erbauer des Merion Golfplatzes in Philadelphia, sowie dessen Bruder Allen mit dem Bau der restlichen vier Löcher beauftragen konnte. Das Ergebnis jedenfalls hätte Crump sicher gefallen – sowohl Architekten als auch die Spieler waren begeistert.

Angelegt wurde der Platz auf sehr sandigem Unterboden mit viel Wasser drumherum, was sich auf die Spieler indirekt auswirkt, da wegen der zahlreichen Wasserflächen die Fairways teilweise sehr schmal ausfallen. Mit nur zwei Par-5-Löchern – das 7. mit 535 Metern und das 15. mit 551 Metern – misst der Platz 6186 Meter bei Par 70. Die Schwierigkeit des Platzes ist so legendär, dass unter den Mitgliedern die Wette gilt, dass Golfer, die zum ersten Mal Pine Valley spielen, niemals die 80 unterbieten.

Das wusste auch Arnold Palmer, der kurz nach seiner Hochzeit und mit

RECHTS: *Der Blick vom Abschlag des 14. Lochs, einem 167 Meter langen Par 3. Der Schlag führt nur über tiefes Rough und Wasser.*

leerer Brieftasche nach Pine Valley kam. Wochen zuvor hatte er bei den US Amateur Championships triumphiert. Palmer nahm etliche Wetten an, dass er die 80 unterspielen würde, wohl wissend, dass er seine Wettschulden im Falle der Niederlage nicht würde begleichen können. Die Ängste waren unbegründet, verließ er doch den Parcours mit einer 68er-Runde – und einer wohlgefülllten Hochzeitsbörse. Auch die Geschichte von einem gewissen Woody Platt wird immer wieder gern

erzählt. Dieser war auf dem ersten Loch, einem langen Par 4, mit einem Birdie gestartet. Auf der 2. Bahn lochte er seinen Annäherungsschlag mit einem Eisen 7 zum Eagle ein, und setzte mit einem Hole-In-One am kurzen Par-3-Loch (160 Meter) noch eins obendrauf. Bemerkenswert auch deshalb, da sich zwischen Loch und Grün nichts weiter als Sand befindet. Am 4. Loch, einen Par 4 mit 426 Metern, puttete er erneut zum Birdie aus 11 Metern Entfernung ein. Von der eigenen Leistung

überwältigt – Platt lag nach vier Löchern sechs unter Par –, musste er sich im nahen Clubhaus mit einem oder zwei Drinks etwas stärken. Er wurde auf dem Platz nicht mehr gesehen.

Trotz des Ruhms, der Pine Valley voraus eilt, wurde hier nie ein Major-Turnier ausgerichtet, vermutlich, da man die Zuschauermengen nicht bewältigen kann. Hinter vorgehaltener Hand heißt es, Pine Valley würde wegen seines Schwierigkeitsgrades dem Image vieler Spieler schaden.

OBEN: *Bei der Annäherung am 13. Loch (Par 4) ist darauf zu achten, dass auf beiden Seiten das Fairway von Sandhindernissen flankiert ist. Pine Valley liegt auf der höchsten Erhebung der Region auf einem 74 Hektar großen Wald- und Marschgebiet.*

RECHTS: *Das 8. Loch ist mit 299 Meter nur ein kurzes Par 4. Die Schwierigkeit besteht darin, den Ball auf dem kleinen Grün zum Stoppen zu bringen. Bei zu starkem Backspin rollt der Ball in den davor liegenden tiefen Grünbunker.*

Pine Valley
Aus der Sicht Gary Players

Pine Valley ist für mich wahre Poesie, ein Gefühl, das ich sonst nur von Plätzen wie Pebble Beach, St. Andrews oder Augusta National her kenne. Fast wüstenhaft ist der kaum bearbeitete Sand, der viele Grüns umgibt und der die schmalen Fairways aussehen lässt wie treibende Inseln in einer Sandwüste. Viele Spieler halten Pine Valley für den schwierigsten und gnadenlosesten Platz der Welt. Architekt Tom Fazio ist ganz anderer Meinung: „Der Platz verzeiht nur jenen keine Fehler, die nicht gut genug spielen."
Dieser bemerkenswerte Club hat ein ebensolches kleines Clubhaus, dessen unprätentiöser Charme zum Selbstverständnis von Pine Valley passt.

THE FLORIDIAN

Refugium in Florida

STUART, FLORIDA, USA

Der Golfclub Floridian am Saint Lucie River bei Stuart in Florida wurde 1996 von Gary Player gebaut und erhielt noch im selben Jahr von der US-Zeitschrift *Golf Digest* den Titel als einer der zehn besten Privatplätze. Gebaut wurde der Parcours auf einem im Wesentlichen flachen Gelände, auch wenn man dies heute bei einer Runde auf dem sorgfältig gestalteten Platz kaum noch glauben mag. Auf den offenen Bahnen spielt der Wind eine Hauptrolle, vor allem am Nachmittag. Als bestes Loch gilt die 398 Meter lange 5.

Bahn (Par 4), ein Dogleg nach rechts, bei dem das Grün fast vollständig von Wasser umgeben ist. Von den hinteren Abschlägen misst der Par-72-Platz 6324 Meter und hat ein Rating von 73,5. Auf dem Gelände finden sich fast 50 Bunker sowie flache, recht schnelle Grüns.

Dieser Club könnte kaum exklusiver sein, da er nur 15 bis 20 Mitglieder zählt. Gary Players Design-Team gelang hier ein Refugium für jene Menschen, die das Privileg haben, hier spielen zu dürfen.

LINKS: *Dank seines ganzjährigen gemäßigten Klimas beheimatet Florida Hunderte von Golf und Country Clubs. The Floridian nimmt am ruhigen Saint Lucie River wegen seiner exklusiven Golfmöglichkeiten eine Ausnahmestellung ein.*

OBEN RECHTS: *Die sorgfältig ausgeformten Bunker am 18. Loch des Floridian. Im Hintergrund zu sehen sind die Clubmarina und das imposante Clubhaus. Insgesamt gibt es hier nur 20 Mitglieder, darunter auch der Platz-Designer Gary Player.*

The Floridian
Aus der Sicht Gary Players

Obwohl das fantastische Clubhaus ganz neu ist, sieht es aus, als nehme es seinen Platz schon seit Jahren ein. Im Inneren gibt es eine bemerkenswerte Sammlung an sporthistorischen Erinnerungsstücken. Mein Design-Team hat hier für die kleine, exklusive Migliederschaft einen nutzerfreundlichen Platz geschaffen. Es ist mir eine Ehre, dass ich auch eines dieser Mitglieder sein kann. Besonders die Übungsmöglichkeiten haben es mir angetan, sind sie für mich doch der einzige Platz, an dem man ungestört üben kann.

TPC IN JASNA POLANA

Eine Augenweide

PRINCETON, NEW JERSEY, USA

Das Konzept der Tournament Players Clubs (TPC) geht auf eine Idee des damaligen Chefs der US-Tour, Deane Beman, zurück, der einerseits den Professionals hochwertige Spielmöglichkeiten, andererseits attraktive Zuschauerplätze bieten wollte. Beman war davon überzeugt, mit eigenen Plätzen sich von den Fernsehsendern und der finanziellen Abhängigkeit lösen zu können. Da man zudem geringere Ausgaben für die Plätze habe, könnten umgekehrt die Preisgelder bzw. die Spenden für wohltätige Zwecke ansteigen, wenn man auf einen TPC-Platz ausweicht.

Der erste Platz, der ein Turnier der US-Tour ausrichten durfte, war der TPC-Course in Sawgrass, traditionsgemäß der Austragungsort der Player's Championship. Seit vor 20 Jahren die TPC-Idee initiiert wurde, sind inzwischen 30 Anlagen im Bau bzw. fertiggestellt. Allein 1999 wurden auf der regulären US-Tour und der Senioren-Tour 16 Turniere auf TPC-Plätzen ausgetragen.

Viele Spitzenarchitekten wie Pete Dye, Tom Fazio, Arnold Palmer und Jack Nicklaus beteiligen sich am TPC-Gedanken, bei dem es neben dem Platz auch um die gesamte Infrastruktur geht, wie Clubhaus sowie Privat- und Firmen-Mitgliedschaften.

Auch Jasna Polana in Princeton ist ein TPC-Platz, diesmal aus der Feder von Gary Player, der mit dem Projekt im Mai 1996 begann. Player verwandelte den Besitz mit dem polnischen Namen für „weite Wiesen" in einen fantastischen Parcours, der Spieler aller Könnensstufen entgegenkommt. Dank der natürlichen Tribünen eignet er sich auch vorzüglich als Turnierplatz.

Bedingt durch seine Lage und die ausgewachsenen Bäume hat man den Eindruck, dass der Platz schon immer an dieser Stelle war. Dank der vielen Abschlagmöglichkeiten ist der

LINKS: *Viele Abschläge für alle Golfer – der TPC-Course in Jasna Polana.*

RECHTS: *Das 2. Loch, ein kurzes Par 3, wird rund ums Grün von Bunkern geschützt. Hinzu kommt ein Bach unmittelbar vor dem Grün, was die richtige Schlägerwahl nicht erleichtert.*

Platz sehr variabel. Von den vorderen Tees misst er gerade 4023 Meter, während von den hinteren ganze 6423 Meter zu überwinden sind.

Das 411 Meter lange 6. Loch ist zweifelsohne das schwierigste des Platzes. Obwohl es recht gerade verläuft, bedrohen den Spieler Bunker auf beiden Seiten sowie weitere zwei Sandhindernisse unmittelbar vor dem Grün. Gleich danach folgt mit dem 549 Meter langen Par 5 die nächste Herausforderung. Überhaupt spielen Wasserhindernisse generell eine große Rolle, was die Spieler am 16. (Par 4) und 17. Loch (Par 3) zu spüren bekommen.

TPC in Jasna Polana
Aus der Sicht Gary Players

Der Besitz gehörte früher Sewar Johnson, dem Eigentümer des Pharmakonzerns Johnson & Johnson. Die Aufgabe, die man uns stellte, war anspruchsvoll. Neben dem Platzdesign sollte das Wohnhaus mit wertvollen Kunstgegenständen zum Clubhaus umgestaltet werden. Heute wird die Anlage vom Tournament Players Club gemanagt, der zuletzt die Instinct Classic der Senioren-Tour hierher holte. Wegen der Umgebung gilt die Anlage bereits als „Kronjuwel" der TPC-Organisation. Der fantastische Besitz mit riesigen Bäumen und welligem Terrain ist für Golfer aller Klassen ein Erlebnis – ob Profigolfer oder hoher Handicapper.

OAKLAND HILLS

Das Monster von Michigan

BIRMINGHAM, MICHIGAN, USA

Die staubige Maple Road im Südosten Oaklands war im Jahr 1916 noch eine ganze Autostunde vom Zentrum der US-Autoindustrie in Detroit entfernt. Die lange Fahrt hielt zwei Golf-Fanatiker dennoch nicht davon ab, das 400 Hektar große Farmland entlang der Maple Road in einen Golfplatz zu verwandeln. Die Männer, das waren Norval Hawkins, seines Zeichens im Jahr 1903 erster Buchhalter bei Henry Ford und später Verkaufsleiter, sowie Joseph Mack, der bei Ford für sämtliche Drucksachen und die Werbung verantwortlich war. Am 17. Juni 1916 trafen sich die beiden mit 46 Gesinnungsgenossen im Detroit Athletic Club zur Gründungsversammlung des Oakland Hills

Country Clubs. Die ersten Mitglieder – insgesamt waren es 140 – zahlten 250 Dollar Aufnahmegebühr.

Für das Design des Platzes wurde kein Geringerer als der berühmte schottische Golfplatz-Architekt Donald Ross verpflichtet, der neben Royal Dornoch in Schottland über 100 Plätze in den USA gezeichnet hatte. Ross baute später übrigens auch den im schottischen Links-Stil gehaltenen North Course auf der anderen Seite der Maple Road: „Gott wollte, dass dies ein Golfplatz wird", soll Ross beim Anblick der Landschaft gesagt haben.

1917 kam das imposante und auch heute noch intakte Clubhaus hinzu, bei dem sich der Architekt C. Howard Crane am Haus von George Washington orientierte. Eröffnet wurde der Par-72-Platz mit 6450 Metern von den hinteren Tees ein Jahr später. Als Golfprofessional wurde Walter Hagen engagiert, dessen Werkstatt in einem ehemaligen Hühnerstall untergebracht wurde.

Oakland Hills war sechs Mal Gastgeber der US Open, unter anderem schon 1924, als Bobby Jones von Cyril Walker bezwungen wurde. Vor der US Open 1951 verpflichtete man den englischen Architekten Robert Trent Jones, der den Südplatz in Oakland Hills modernisieren sollte. Allerdings sorgte seine Arbeit unter den Spielern für starke Verwunderung.

LINKS: *Das 16. Loch (Par 4) ist ein Dogleg nach rechts entlang eines großen Sees. Bei der US PGA Championship 1972 spielte Gary Player seinen zweiten Schlag über die Bäume hinweg aufs Grün, wo er zum Birdie einputtete.*

Die Fairways waren schmaler geworden – an manchen Stellen keine 23 Meter breit – und das Rough dicht und hoch. Insgesamt befanden sich nun 120 Bunker in der strategischen Drive-Zone. Die Grüns waren von tiefen Bunkern mit ausgeformter Kante umgeben, und so hatten die letzten fünf Löcher des Platzes auch bald einen eigenen Namen – die „Fearsome Fivesome", die Angst einflößenden Fünf.

In jenem Jahr kam Ben Hogan als Titelverteidiger der US Open nach Oakland Hills, und von Runde zu Runde verbesserte er auf dem schweren Platz seinen Score. Nach einer 76, 73 und einer 71 ging er mit nur noch zwei Schlägen Rückstand auf die beiden Führenden Bobby Locke und Jimmy Demaret auf die letzte Runde. Bis zu diesem Zeitpunkt hatte noch nie jemand die 70 gebrochen, aber Hogan machte sich daran, eine der besten Golfrunden zu spielen, die es im Turniergolf je gab. Seine 67 reichte schließlich für den Sieg über Clayton Heafner, dessen 69er-Runde erst die zweite unter 70 Schlägen überhaupt war. Nach dem Turnier meinte Ben Hogan: „Ich freue mich, dass ich diesen Platz, dieses Monster, in die Knie zwingen konnte."

Die 50er-Jahre brachten weitere Veränderungen nach Oakland Hills. Erstmals wurden Elektro-Carts auf den Platz gelassen und die Herren-Umkleideräume wurden mit einer Klimaanlage ausgestattet. Bei den Damen indes blieb es weiterhin heiß und stickig. Erst 1975 wurde über die Maple Road eine Brücke gebaut, die die beiden Plätze verband. Und die Damen erhielten neue Umkleideräume und durften die Kellerräume verlassen.

Die Zeiten, da man in Oakland Hills nach Mitgliedern suchte, sind Vergangenheit – heute muss man sich mindestens zweieinhalb Jahre gedulden und ferner die fürstliche Summe von 48.000 Dollar aufbringen. Bereits jetzt steht der Turnierplan der nächsten Jahre fest: Die US Amateurmeisterschaften im Jahr 2002, der erste Ryder Cup im Jahr 2003 und die dritte US PGA Championship im Jahr 2008.

Seit den Anfängen, als Hawkins, Mack und Gleichgesinnte Oakland Hills ins Leben riefen, hat sich auch Detroit weiter ausgedehnt. Heute befindet sich der Platz im Randgebiet der Stadt. Und auch wenn er nicht mit einer spektakulären Landschaft wie Augusta oder Pebble Beach aufwarten kann, so ist Oakland Hills dennoch einer der besten Turnierplätze für das beginnende neue Jahrtausend.

Oakland Hills
Aus der Sicht Gary Players

Oakland Hills ist Herausforderung und Fairness zugleich. Nur die besten Putter können auf den stark konturierten Grüns bestehen.
Während der PGA Championship 1972 war das 16. Loch für die Meisterschaft spielentscheidend. Mein Annäherungsschlag musste 137 Meter überwinden, doch versperrte mir ein Baum den Blick aufs Grün, das von einem Wasserhindernis geschützt war. Obwohl ich die Flagge nicht sehen konnte, peilte ich ein Sitzkissen an, das ein Zuschauer offensichtlich vergessen hatte. Der Ball flog mitten durch die Baumkrone und blieb keinen Meter vom Loch entfernt in einfacher Putt-Distanz liegen. Mein anschließendes Birdie verschaffte mir einen Vorsprung von zwei Schlägen zum Sieg. Heute noch erinnert eine Messing-Plakette am 16. Loch an diesen Schlag.

RECHTS: *Das leicht erhöht liegende Grün des 6. Lochs (Par 4) in Oakland Hills ist von Bunkern und hohen Bäumen umgeben. Angelegt wurde der Platz im Jahr 1917 auf einem Gelände, über das Donald Ross sagte: „Gott wollte, dass hier ein Golfplatz entsteht."*

WINGED FOOT

Ein Platz für echte Männer

WEST COURSE, MAMARONECK, NEW YORK, USA

Mitglieder des New York Athletic Club informierten den Architekten A.W. Tillinghast vom Ansinnen, zwei „ausgewachsene" 18-Löcher-Plätze in Mamaroneck, New York, zu bauen. Das war 1920. Tillinghast, zu jener Zeit einer der bekanntesten Platzarchitekten der USA und Erbauer des legendären Baltusrol Golf Clubs im nahen New Jersey, ging an die Arbeit: 7800 Bäume wurden für den Bau des East und West Course in Winged Foot gefällt und 7200 Tonnen Felsen gesprengt. Eröffnet wurde die Anlage im Jahr 1923.

Zwar gilt der Ost-Kurs als der attraktivere Platz, dafür ist der West-Kurs der eigentliche Meisterschaftsparcours. Letzterer ist mit 6360 ganze 229 Meter länger. In Winged Foot gastierten eine US PGA Championship und vier US Open, für das das Par-72-Layout auf 70 reduziert wird, in dem man aus den Par-5-Löchern 9 und 16 für die Dauer der Meisterschaft je ein Par 4 werden lässt. Zehn der zwölf Par-4-Löcher sind länger als 366 Meter, womit Long-Hitter auf den ersten Blick bevorzugt werden. Doch angesichts der 60 Bunker – davon mindestens zwei unmittelbar vor jedem Grün – ist Präzision unersetzlich. Jedes der erhöht liegenden Grüns ist in der für Tillinghast typischen Pfirsich-Form angelegt.

Im Jahr 1929 kamen die Professionals aus dem ganzen Land, um Tillinghasts Kreation zu bewundern und an der ersten US Open in Winged Foot teilzunehmen. Kein Geringerer als der berühmte Bobby Jones, als Gewinner zweier US-Open-Titel klarer Favorit, erfreute das Publikum mit einer 69 in der ersten Runde. Seine 75 in der zweiten reichte immerhin zur Ehrenrettung von Winged Foot. Nach 72 Löchern lag Jones gleichauf mit Al Espinosa und einem Score von 294 Schlägen, so dass wieder einmal ein 36-Löcher-Ste-

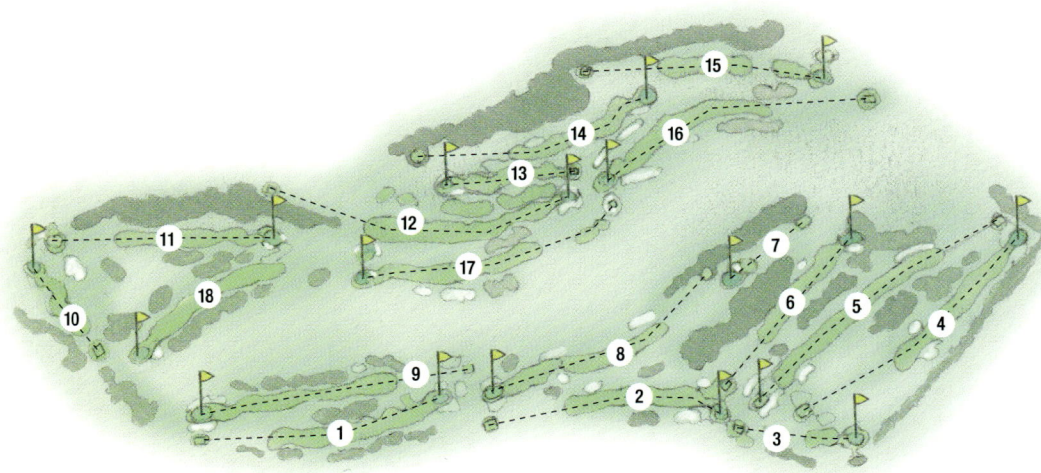

RECHTS: *Der Amerikaner Davis Love III versenkt seinen Putt zum Sieg bei der US PGA Championship 1997. Stolz streckt er die Wanamaker Trophy in die Luft – als Zeichen seines ersten Major-Sieges.*

chen angesetzt werden musste. Jones, der bereits zwei mal im Stechen der US Open unterlegen war, ließ sich diesmal nicht beirren. Die 84 von Espinosa konterte Jones mit einer soliden 72, gefolgt von einer weiteren 69 in der zweiten Stechen-Runde. Sein Vorsprung beim Sieg des dritten US-Open-Titels betrug sagenhafte 23 Schläge.

1959 kehrte die US Open wieder nach Winged Foot zurück – es siegte Billy Casper – und dann wieder 1974, als Hale Irwin mit sieben über Par triumphierte. 1984 war es Fuzzy Zoeller, der im Stechen Greg Norman bezwang. Und schließlich bereitete 1997 Davis Love III bei der US PGA Championship seinem Makel ein Ende, er sei der beste Spieler, der nie ein Major gewinnen konnte.

Auch wenn die historische Verbindung mit dem New York Athletic Club längst Vergangenheit ist – die geflügelten Füße im Logo blieben erhalten. Und wie damals gefordert, ist und bleibt der Parcours ein „ausgewachsener" Test selbst für heutige Long-Hitter.

Winged Foot
Aus der Sicht Gary Players

Er gehört zweifellos zu den besten Plätzen, die ich je gespielt habe. Winged Foot ist lang, hat erhöht liegende Grüns und ausgezeichnete Bunker. Der Platz-Designer Tillinghast konnte sich offensichtlich in die Golfer hineinversetzen, als er über seinen Platz sagte: „Bei der Form der Grüns kommt es im Wesentlichen auf den Drive an." Der East Course übrigens steht dem West-Course in Design und Qualität in nichts nach. Golf-Fans haben im Jahr 2002 wieder die Gelegenheit, sich von Tillinghasts Talent zu überzeugen, wenn die nächste US Open auf dem Bethpage State Park's Black Course ausgetragen wird. Es ist die erste US Open, die auf einem öffentlichen Golfplatz ausgetragen wird.

LINKS: *Das Grün des 12. Lochs in Winged Foot (Par 5) liegt erhöht und hat die typische Pfirsichform, Markenzeichen des Architekten Tillinghast, der den Platz 1923 baute.*

OBEN: *Gary Player bei der US Open 1974 in Winged Foot. Wegen seines Outfits wird er auch der „schwarze Ritter" genannt.*

101

PINEHURST

Das Golf-Mekka Amerikas

COURSE NO. 2, PINEHURST, NORTH CAROLINA, USA

Die Pinehurst-Story begann im späten 19. Jahrhundert, als der Bostoner Industrielle James Tufts in Sandhills, North Carolina, 2032 Hektar Land erstand. Er hatte die Idee, auf dem Gelände ein Hotel- und Freizeit-Resort bauen zu lassen, damit reiche Ostküsten-Bewohner den harten nördlichen Wintern entkommen konnten. Schon bald erkannte Tufts die Notwendigkeit, einen Golfplatz anzulegen, worauf er prompt einen jungen Amateur-Designer anheuerte. Der später als Pinehurst No. 1 bekannte Platz wurde im Jahr 1898 eröffnet.

In jener Zeit hatten die Tufts auch im schottischen Royal Dornoch den jungen Greenkeeper Donald Ross kennen gelernt Als dieser 1898 auswanderte, um im Oakley Golf und Country Club in Massachusetts zu arbeiten, kreuzten sich erneut seine Wege mit denen der Tufts. Es

dauerte nicht lange, bis Ross in der Winterzeit als Golflehrer in dem neuen Resort fungierte. Fast nebenbei überarbeitete er Pinehurst No. 1, um sich sofort an die Aufgabe heran zu machen, die sein Meisterwerk werden sollte – Pinehurst No. 2. Obwohl er danach in ganz Amerika über 400 Plätze konstruierte – unter anderem noch zwei weitere in Pinehurst –, gilt Pinehurst No. 2 immer noch als Ross' größte Leistung.

Nicht zuletzt wegen seiner schottischen Wurzeln, führte Ross neue Stilmittel im US-Golf ein, wie etwa aufgeworfene Erdhügel, zahlreiche Bunker sowie stark ausgeformte Grüns. Auf dem ursprünglich flachen Land enstanden gleichermaßen anspruchsvolle wie faire Plätze. Die normalerweise großen Grüns fallen nach außen hin ab, wodurch weniger präzise Bälle erst recht vom richtigen Weg abkom-

RECHTS: *Das 17. Loch in Pinehurst 2 ist ein Par 3 mit 174 Metern Länge und viel hohem Baumbestand. Typisch für Pinehurst ist das erhöht liegende Grün, dessen Rand sich in Richtung Bunker neigt.*

men. Hinzu kommt, dass die welligen Grüns dem Golfer viel Feingefühl beim Putten abverlangen.

Bei der US Open 1999 maß der Parcours 6561 Meter bei Par 70. Angesichts der erhöhten, aber von hohem Rough umgebenen Grüns lagen die Scores sehr hoch. Zwar waren in Pinehurst die Landezonen ursprünglich großzügig angelegt, so dass Bunker – insgesamt 109 an der Zahl – und Grüns gut einzusehen waren, doch Ross luftiges Design ist inzwischen zu einem dichten Wald herangewachsen. Heute säumt der Mischwald jedes Fairway und gibt ihm eine Atmosphäre von Einsamkeit und Ruhe.

Pinehursts abgelegene Lage ist sicher der Grund, warum auf dem Platz weit weniger große Meisterschaften ausgetragen wurden als No. 2 es verdient hätte. Erst im Jahr 1936 gastierte mit der US PGA Championship die erste Major in Pinehurst. Und es sollte weitere 63 Jahre dauern, ehe ihm diese Ehre wieder zuteil wurde. Payne Stewart verhinderte mit seinem Sieg 1999 den zweiten Triumph Phil Mickelsons.

Große Turniere waren ferner der Ryder Cup 1951, die Tour Championship 1991 und die US Senior Open 1994.

Traditionell spielte der Amateursport in Pinehurst immer eine große Rolle. Pinehurst No. 1 war Austragungsort der North and South Amateur Championship von 1901 bis 1908, ehe die Meisterschaft zum No. 2 wechselte, wo sie auch heute noch ausgetragen wird. 1962 fanden schließlich auch die US Amateur-Meisterschaften in Pinehurst statt. Einen großen Beitrag zur Entwicklung des Sports in den USA leistete übrigens Richard S. Tufts, Enkel des Clubgründers, der die World Amateur Team Championship ins Leben rief.. Die heute unter dem Namen Eisenhower Trophy bekannte Meisterschaft, gilt als prestigereichstes Turnier im Amateurgolf.

Zwar wurden in Pinehurst No. 2. nur wenige große Turniere ausgetragen, dafür aber waren sie der Start großer Karrieren. Ben Hogan gewann hier 1940 seinen ersten Titel als Professional, Jack Nicklaus die North and South 1959, was Walter Hagen sogar drei Mal gelang. Die unvergessene Babe

Zaharias triumphierte bei der North and South Women's Amateur 1947. Andere große Namen, die die Ehrengalerie in den Fluren des Clubs zieren, sind Jack Nicklaus II, der Sohn Jacks, Curtis Strange, Corey Pavin, Billy Andrade und Davis Love III.

Heute ist der Pinehurst Resort & Country Club eine der ersten Adressen in den USA. Insgesamt werden den Golfpilgern aus aller Welt acht 18-Löcher-Plätze geboten und der neunte ist seit Herbst 2000 im Bau. Außerdem befinden sich im Umkreis von 25 Kilometern rund zwei Dutzend Golfplätze, die teilweise von bekannten Architekten entworfen wurden, wie etwa Robert Trent Jones, George Fazio, Ellis Maples und Rees Jones.

Die Schönen und Reichen der Welt verbringen in Pinehurst seit über 100 Jahren ihren Urlaub. Namen wie Bing Crosby, Michael Jordan, Oprah Winfrey, die Rockefellers und die DuPonts sind schmückendes Beiwerk, erst recht, wenn sie auf dem resorteigenen Flughafen landen.

Pinehurst
Aus der Sicht Gary Players

Pinehurst No. 2 ist in jeder Hinsicht ein Klassiker. Es gibt nur wenige Plätze, die mich mental bei jedem einzelnen Schlag so fordern. Trotz des Anspruchs, einer der besten Plätze der Welt zu sein, ist er auch ein sehr unterhaltsamer Parcours. Die Grüns mit ihrer konvexen Form erfordern ein sehr genaues Anspiel, damit die Bälle nicht seitlich bis in die Chip-Zone herunter rollen. Der alte Baumbestand sorgt schließlich für eine natürliche Schönheit.

RECHTS: *In Pinehurst No. 2 fand 1994 die US Senior Open statt. Dieser Blick über das 16. Loch, ein Par 5, zeigt das einzige Wasserhindernis des Platzes. An dieser Stelle muss der Ball 165 Meter carry fliegen.*

CONGRESSIONAL

Die Geduldsprobe

BLUE COURSE, BETHESDA, MARYLAND, USA

Nur zehn Kilometer von Washington DC entfernt beginnt die Hügellandschaft des nördlichen Maryland – und gleich hier befindet sich der Congressional Country Club. Über dem üppigen Parkland-Design mit großen Bäumen und ausgedehnten Wasserflächen thront schließlich noch ein imposantes weißes Clubhaus. Entworfen hatte den Platz auf dem 139 Hektar großen Gelände im Jahr 1922 der Amateurspieler Devereaux Emmett im Auftrag zweier Kongressabgeordneter. Zur offiziellen Eröffnung im Jahr 1924 kam US-Präsident Calvin Coolidge, und als erster Clubpräsident wurde sein Wirtschaftsminister Herbert Hoover verpflichtet. Polit-Prominenz gehörte von Anfang an zum Congressional Club, u.a. mit Ex-Präsident Woodrow Wilson als Gründungsmitglied.

Der erste als private Anlage genutzte Platz wurde 1957 in „Blue Course" umbenannt, als man auf große Meister-schaften schielte und Robert Trent Jones verpflichtete, neun weitere Löcher – den Gold Course – anzulegen. Die Mühen hatten sich schon zwei Jahre später gelohnt, da der amerikanische Golf Verband (USGA) die Amateurmeis-terschaften der Damen an den Congressional vergab. Un-terdessen hatte Trent Jones auch neun der von Emmett an-gelegten Original-Löcher überarbeitet. So endete der Platz jetzt mit einem langen Par 4 anstatt eines Par-3-Lochs. Nicht zuletzt deshalb erhielt der Congressional 1964 den Zuschlag für die US Open.

Dieses Datum jedenfalls wird mit dem heroischen Einsatz des möglichen Siegers Ken Venturi eng verbunden bleiben. Das Platzdesign war in diesem Jahr auf 6400 Meter ausge-dehnt worden. Der Congressional war damit nicht nur der längste Platz der USA, sondern auch sehr schwer, da man zwei der Par-5-Löcher in Par 4 umgewandelt hatte. Erschwerend

kam hinzu, dass die letzte Runde der US Open über 36 Löcher gespielt werden sollte, weil die USGA der Meinung war, dass „Ausdauer und Leistung zu den Fähigkeiten eines nationalen Champions" gehören. An jenem Samstagmorgen des Jahres 1964 wurde die Geduld der Spieler bei extremer Hitze und Luftfeuchtigkeit auf eine harte Probe gestellt.

Ken Venturi, von Natur aus nicht gerade ein bulliger Mann, absolvierte die Morgen-Runde mit einer 66, obwohl er am 18. Loch wegen der Hitze fast kollabierte. Nach einer Pause und etlichem Eistee im Bag begleitete ihn ein Arzt auf die zweite Runde, auf der er eine unvergessene 70 spielte.

Im Jahr 1990 wurde Rees Jones, Sohn von Robert Trent Jones, mit der Überarbeitung des Platzes beauftragt. Diese Kombination aus Vater und Sohn ergab einen erstklassigen Meisterschaftsplatz.

Seit 1964 wurde im Congressional vier Mal die Kemper Open ausgetragen, ein Turnier der amerikanischen Profi-Tour, sowie drei Majors. 1976 konnte Dave Stockton die US PGA Championship hier gewinnen, und 1995 bezwang Tom Weiskopf in der US Senior Open Jack Nicklaus. Legendär auch der Sieg des 27-jährigen Südafrikaners Ernie Els, der sich auf den letzten neun Löchern aus der Vier-Mann-Führungsgruppe löste, um seinen zweiten US Open-Titel zu gewinnen. Mit seinem Score von 69 (eins unter Par) lag er schließlich nur einen Schlag vor dem Schotten Colin Montgomerie und zwei vor Tom Lehman, der nach der dritten Runde geführt hatte.

Diese US Open war auch das erste Turnier, das vollständig auf dem Blue-Course ausgetragen wurde, jenem Platz, den auch die Mitglieder üblicherweise spielen. Ungewöhnlich für ein Major-Turnier war das Ende mit einem 174 Meter langen Par 3. In vorangegangenen Turnieren hatte man sich stets zwei Löcher vom Gold-Course „ausgeliehen", um ein konventionelleres Finish zu gewährleisten.

Aus Anlass der US Open wurden das 6. und 10. Loch, beides Par-5-Löcher, auf Par 4 reduziert, so dass Longhitter auf dem Par-70-Parcours etwas im Vorteil sind. Allerdings wird dies in der Regel durch die hügelige Landschaft, die Sommerhitze, die Länge (7059 Meter), das tiefe Rough und die blitzschnellen Grüns wieder revidiert.

Congressional
Aus der Sicht Gary Players

Der Blue Course des Congressional Folf Clubs ist für seine Länge und Schwierigkeit bekannt. Schon der Drive muss sehr gerade sein, um Aussicht auf Erfolg zu haben. Es ist einer der wenigen Meisterschaftsplätze, die mit einem Par-3-Loch enden, auch wenn es keine Regel gibt, die dieses verbietet. East Lake in Atlanta und der von Alister Mackenzie gebaute Pasatiempo in Santa Cruz/Kalifornien sind weitere Beispiele dafür.

GANZ LINKS: *Das 10. Loch ist eigentlich ein Par 5, wird aber während der US Open als Par 4 gespielt. Zuletzt fand die US Open 1997 hier statt, als der Südafrikaner Ernie Els über den Schotten Colin Montgomerie triumphierte und seinen zweiten Major-Titel gewann. Entlang des Fairways verläuft ein kleiner Bach, der schließlich neben dem Grün in einem See mündet.*

LINKS: *Der Congressional ist ein langer und anspruchsvoller Platz. Auf dem 507 Meter langen Par 5 des 15. Lochs muss man auf dem Weg zum Grün zwei lange gerade Schläge hinlegen.*

WENTWORTH (WEST)

Durch Tannen und Birken

WEST COURSE, VIRGINIA WATER, SURREY, ENGLAND

Über die Grenzen Englands hinaus gilt Wentworth in der Grafschaft Surrey als einer der besten Inland-Plätze überhaupt. Als mit dem Bau im Jahr 1923 begonnen wurde, stand erstmals in der britischen Golfgeschichte der Country-Club-Gedanke im Vordergrund. Golf sollte nicht mehr das einzige Freizeitvergnügen sein, das angeboten wurde. Auch sollten Häuser entlang der Fairways entstehen.

Gleich zwei 18-Löcher-Plätze sowie ein Kurzplatz wurden beim renommierten Golfplatz-Architekten Harry Colt in Auftrag gegeben. Zuerst wurde der Ost-Parcours fertig gestellt, gefolgt vom West Course im Jahr 1927. Als Meisterschaftsplatz kristallisierte sich ebenfalls der West Course heraus, der wegen seiner 6400 Metern Länge auch „The Burma Road" genannt wurde. Ein dritter 18-Löcher-Platz namens Edinburgh kam später noch hinzu, der in Zusammenarbeit zwischen John Jacobs, Bernard Gallacher und Gary Player entstand.

Der West Course ist im traditionellen Sinne ein typischer Inland-Platz, der durch Tannen- und Birkenwald führt. Platz für Zuschauerveranstaltungen im modernen Sinne gibt es eigentlich nicht. Und dennoch finden hier mit der World Matchplay und der PGA Championship zwei Prestige-Veranstaltungen statt.

Die World Matchplay wurde von Mark McCormack und seiner Managementfirma IMG 1964 ins Leben gerufen und hatte eigentlich nur den Zweck, die „Großen Drei", Jack Nicklaus, Arnold Palmer und Gary Player, zusammenzubringen. Darüberhinaus waren hochklassige Matchplay-Turniere seit 1957 Mangelware, als die US PGA Championship auch noch zum Zählspiel „konvertierte". Seitdem entwickelte sich das Einladungsturnier zur hochkarätigsten Matchplay-Veranstaltung in der Welt des Golfsports. Allein Gary Player gewann den Titel nicht weniger als fünf Mal. Doch auch Spieler wie Greg Norman, Ernie Els und der wohl gefürchtetste Matchplay-Gegner Seve Ballesteros.

Die Luftaufnahme des West Course in Wentworth zeigt auf der linken Seite das 11. (Par 4) und auf der rechten Seite das 7. Loch (ebenfalls Par 4).

Aufgrund der Tatsache, dass die Europäische Tour ebenfalls ihren Sitz in Wentworth hat, überrascht es nicht, dass mit der jährlichen PGA Championship auch eine Großveranstaltung hier beheimatet ist. Zu den großen Siegern, die sich hier verewigten, gehören Bernhard Langer, Nick Faldo, Ian Woosnam und Colin Montgomerie.

Zu großer Bekanntheit gelangte Wentworth nicht zuletzt durch die weltweiten Fernsehübertragungen. Spektakulär ist immer wieder das 17. Loch, ein 522 Meter langes Dogleg nach rechts und einem dann wieder nach links ausgerichteten Grün zwischen hohen Bäumen. Ein perfekter Drive ist daher unerlässlich, wenn man das Grün in zwei Schlägen erreichen will. Mit 457 Metern ist das 18. Loch nur unwe-

sentlich kürzer, aber hier ist das Grün durch mehrere Bunker besonders gut verteidigt.

Nur die Tatsache, dass Wentworth kein Links Course ist, verhindert die Austragung einer British Open. Immerhin ist der Platz regelmäßig Gastgeber des Ryder Cups, dem Vergleichskampf zwischen Europa und Amerika. 1956 fand in Wentworth außerdem der Canada Cup, der heutige World Cup statt.

Wentworth
Aus der Sicht Gary Players

Gemeinsam mit Severiano Ballesteros teile ich den Rekord von fünf World-Matchplay-Titeln. Und obwohl ich in Wentworth West erstmals im Jahr 1955 spielte, kommt es mir vor wie gestern. Aufgrund der Tatsache, dass dieses Turnier in alle Welt übertragen wird, kommen einem die letzten neun Löcher vor wie Zuhause. Die zwei Par-5-Löcher zum Schluss sind zwar etwas ungewöhnlich, aber sie passen auch gut hierher. Wentworth, wo ich auch Mitglied bin, wird als echte Herausforderung immer einen besonderen Platz in meinem Herzen behalten.

OBEN: *Colin Montgomerie beim Abschlag in Wentworth. Der Schotte gewann die PGA Championship drei Mal in Folge (1998 bis 2000).*

RECHT: *Finale am 18. Grün. Wentworth ist Austragungsort der PGA und der World Matchplay Championship.*

FIVE NATIONS

Wahrhaft international

MÉAN, BELGIEN

Der Five Nations Country Club war eigentlich ein Spekulationsobjekt, denn der amerikanische Immobilien-Entwickler Acquest International wollte mit Hilfe eines hochwertigen Golfprodukts in Europa Fuß fassen. Es wurde ein Standort gesucht, der von Belgien, Luxemburg, Holland, Deutschland und Frankreich gleichermaßen gut erreicht werden konnte. Im Jahr 1988 wurde man in Méan in den belgischen Ardennen fündig. Auf einem Landgut mit bereits existierendem Golfplatz sollte Gary Player den Parcours überarbeiten.

Die Anlage befindet sich im sogenannten Dreiländereck, wobei mehrere Flughäfen in einer Autostunde zu erreichen sind. Das hügelige, 115 Hektar große Gelände führt durch natürliche Schluchten, die teilweise von Bächen gesäumt

sind. Insgesamt handelt es sich hier um einen Platztypus, der – ganz im Sinne der Philosophie Gary Players – ein Maximum an Können und Konzentration erfordert.

Trotz seines hohen Anspruchs ist der Platz dank verschiedener Tees auch für durchschnittliche Golfer geeignet. Allerdings sind große Höhenunterschiede zu überwinden, wofür man aber durch Panoramablicke entschädigt wird.

Bedauerlicherweise ging der Investoren-Firma vorzeitig die Luft aus, so dass der Platz fast zwei Jahre lang von den Mitgliedern privat gepflegt wurde. Inzwischen haben sich die finanziellen Turbulenzen gelegt und Five Nations blickt zuversichtlich in die Zukunft. Ein Besuch lohnt allein schon wegen des hoch herrschaftlichen Hofes, der über der Anlage thront.

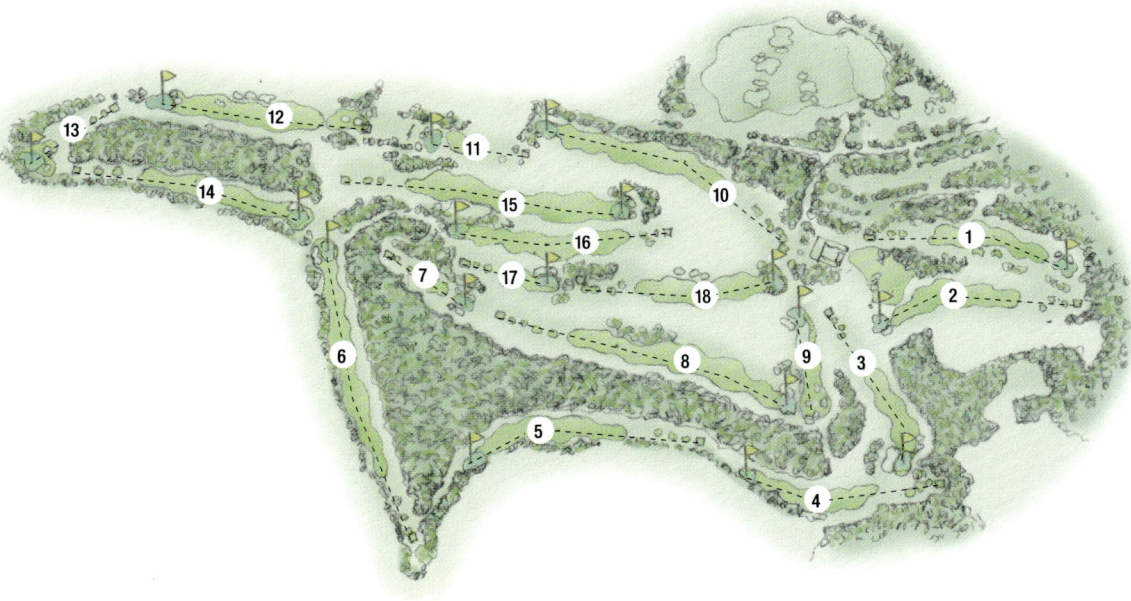

RECHTS: *Der Five Nations Country Club wurde in ein dichtes Waldgelände gebettet, wobei man Wasserläufe und andere Hindernisse in den Spielablauf integrierte.*

OBEN: *Der Name Five Nations ist Programm, befindet sich der belgische Platz doch in unmittelbarer Nachbarschaft zu Holland, Frankreich, Luxemburg und Deutschland.*

Five Nations
Aus der Sicht Gary Players

Der Parcours befindet sich ganz in der Nähe der Stadt Lüttich im französischsprachigen Teil Belgiens. Der Besitz zeichnet sich durch natürliche Vielfalt aus, so dass mein Design-Team eigentlich nicht viel unternehmen musste, hier einen großartigen Golfplatz entstehen zu lassen. Wie bei den meisten großen Anlagen weltweit, ist es die Natur, die mit ihrer Formensprache sich dem Platzarchitekten erschließt. In der Tat bin ich in Five Nations der Meinung, dass vor allem Gott als Architekt seine Hände im Spiel hatte.

CHANTILLY

Der Charme französischer Provinz

PARIS, FRANKREICH

Nur 40 Kilometer sind es bis zu den Stadtgrenzen von Paris. Der 1908 angelegte Platz in Chantilly gilt als eine der besten Golfadressen Frankreichs. Nicht umsonst wurde hier bereits zehn Mal die French Open ausgetragen, von anderen hochkarätigen Turnieren einmal abgesehen. Im Jahr 1913 gewann der Brite George Duncan die erste Open de France. Sein Ergebnis von 304 Schlägen war der höchste Siegerscore in der Geschichte der Meisterschaft.

Nach 14-jähriger Unterbrechung kehrte die French Open im Jahr 1988 nach Chantilly zurück, als Nick Faldo mit einem Score von 274 Schlägen über vier Runden triumphierte. Im darauf folgenden Jahr setzte Faldo noch eins drauf, indem er seinen Rekord noch um einen Schlag unterbot.

Trotz des waldigen Geländes wirkt der Platz selbst sehr offen. Allerdings gehört Chantilly dank der tiefen Roughs auf dem 6597 Meter langen Parcours zu den schwierigsten Plätzen in Europa. Der Grundstein dazu wurde 1920 gelegt, als Tom Simpson, der zuvor schon den Old Course in Ballybunion überarbeitet hatte, auch in Chantilly mit dem Re-Design einiger Löcher beauftragt wurde. Ironie der Geschichte: Ausgerechnet Simpson, über dessen neue Bunker man sich

in Ballybunion so aufgeregt hatte, ließ in Chantilly bestehende Bunker entfernen. Bedauerlicherweise wurde ein Großteil seiner Arbeit während des Zweiten Weltkriegs beschädigt. Dennoch ist sein Stil immer noch zu erkennen.

Der Charakter des Platzes wird durch drei Par-5-Löcher sowie vier unnachgiebige Par-3-Löcher – drei von ihnen sind über 180 Meter lang – bestimmt. Acht der elf Par-4-Löcher sind über 380 Meter lang und stellen den Golfer wegen der

RECHTS: *Das 14. Loch wird von einem erhöhten Abschlag aus gespielt. Wegen des für Chantilly typischen dichten Waldes ist die Schlägerwahl auch an dem Par 3 nicht einfach.*

schmalen Fairways vor eine echte Aufgabe. Besonders das 13. Loch bleibt einem in Erinnerung, benötigt man doch einen soliden geraden Drive mitten aufs Fairway, um überhaupt das Grün des Doglegs nach links direkt anspielen zu können. Bleibt zu erwähnen, dass nur noch ein Graswall auf dem von Bäumen umgebenen Grün zu überwinden ist. Par dürfte ein gutes Ergebnis sein, erst recht unter Turnierbedingungen.

Die letzten drei Löcher des Platzes führen in einer Schleife vom Clubhaus weg und wieder zurück. Das 16. Loch ist eines dieser langen Par-3-Löcher, gefolgt vom 17., einem Par 4, das sich durch vier Bunker in der Drive-Zone auszeichnet. Die Krönung bildet schließlich das 18. Loch mit 550 Metern, bei dem drei gute lange Schläge in Folge unerlässlich sind.

Golf in Chantilly ist etwas Besonderes, auch wenn der Ort eher für seine Pferderennen, sein Schloss und die Kunstsammlungen bekannt ist.

Chantilly
Aus der Sicht Gary Players

In einem Land, das nicht sofort mit dem Golfsport in Verbindung gebracht wird, ist Chantilly eine Ausnahme. Der Ort, der im Sportgeschehen für internationalen Pferdesport steht, nimmt wie selbstverständlich die Tradition des Golfsports auf. Das verschlafene Städtchen mit dem historischen Schloss und dem See trägt alle positiven Attribute, die man mit französischer Provinz verbindet. Die Atmosphäre auf dem Golfplatz ist einfach fantastisch, und wer einmal am großen Kamin des Clubhauses das fantastische Essen genossen hat, der weiß, was französische Lebensart ist.

RECHTS OBEN: *Die drei Schlusslöcher vollziehen eine Schleife vom Clubhaus weg und wieder zurück. Das 16. und 17. Loch führen zum äußersten Ende des Platzes.*

RECHTS: *Das 11. Loch ist ein langes Par 4 mit einem zweiteiligen Grün, was bei der Annäherung Schwierigkeiten bereitet, zumindest, wenn man auf ein Birdie aus ist.*

SPORTING CLUB BERLIN

Der lange Schatten Schottlands

NICK FALDO COURSE, BERLIN, DEUTSCHLAND

Drei Meister aus drei Nationen haben sich vor den Toren Berlins im Sporting Club ein Denkmal gesetzt: Nick Faldo aus England, Gewinner von insgesamt sechs Major-Turnieren, Arnold Palmer, der ebenso viele Majors verbuchen konnte, sowie wohl in Zukunft auch Bernhard Langer, der zweimalige Masters-Champion.

Von den drei Designs gilt der Nick-Faldo-Platz als das beste der Anlage, wenn nicht gar als das beste Deutschlands. Eröffnet wurde der 6445 Meter lange Platz im Jahr 1996. Trotz eines Ratings von 74, hat er nur Par 72. Auf dem europäischen Turnierkalender hat der Platz auch schon seine Spuren hinterlassen – mit der German Open 1999 und der Amateur-Weltmeisterschaft im Jahr 2000. Der Platz zeichnet sich vor allem durch die vielen schottischen Links-Elemente aus. Nick Faldo integrierte tiefe Bunker, wellige Fairways und hohe Roughs – und das alles auch noch in strategisch guter Lage. Bester Beweis für die Anerkennung dieses Platzes ist die Tatsache, dass der Nick-Faldo-Parcours zu den zehn besten Plätzen Europas gehört, wenn man der Meinung einer Golfzeitschrift glauben darf.

Neben Golf wird am Scharmützelsee seit 1995 auch Tennis, Reiten und Segeln geboten.

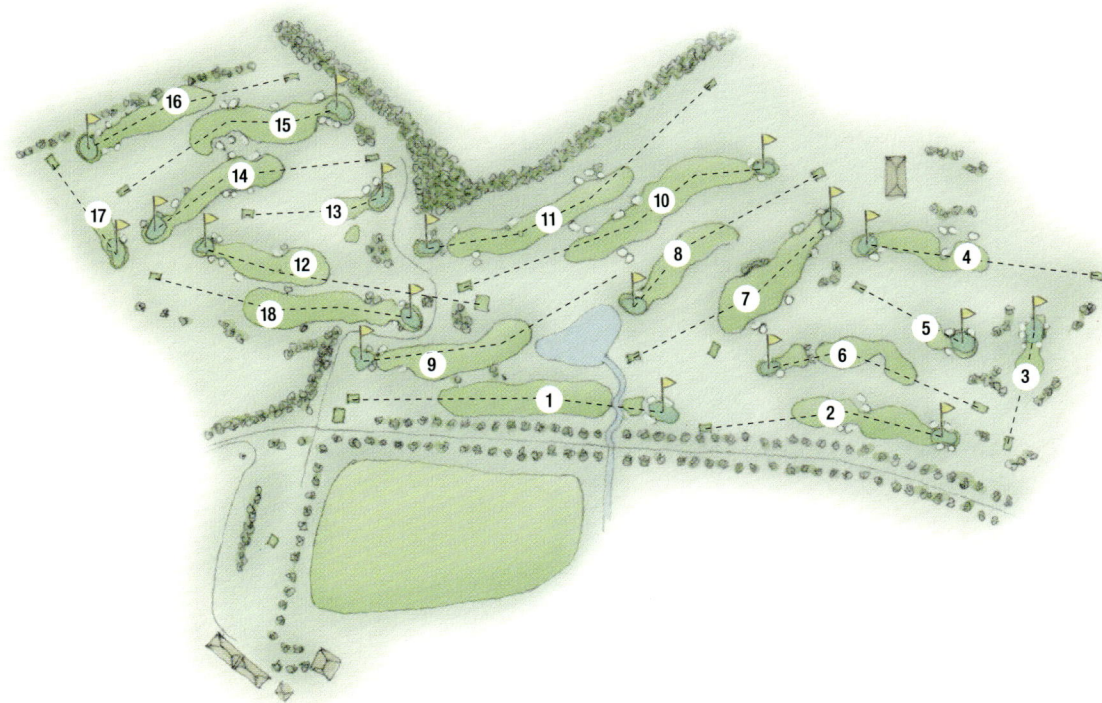

Sporting Club Berlin
Aus der Sicht Gary Players

Der Erfolg des deutschen Ausnahmegolfers Bernhard Langer ist sicher auch dafür verantwortlich, dass solch ein Weltklasse-Projekt entstehen konnte und dort die German Open ausgerichtet wurde. Der Nick-Faldo-Platz genießt auch bei der englischen Profi-Tour ein hohes Ansehen, wobei das Renommee eines Bernhard Langer eine große Rolle spielt.

OBEN RECHTS: *Der Blick aufs 9. Grün des Nick-Faldo-Platzes im Sporting Club Berlin. Die hier ausgetragene German Open 1999 gewann der Schwede Jarmo Sandelin.*

CLUB ZUR VAHR

Einer der Schwersten Europas

GARLSTEDT BEI BREMEN, DEUTSCHLAND

Der Club zur Vahr in der Garlstedter Heide bei Bremen gilt als eines der Top-Meisterschafts-Designs in Europa. Angelegt ist er auf ca. 85 Hektar welligem Heideland mit dichtem Wald. Hohe Bäume säumen die Fairways der Löcher, von denen viele als Dogleg angelegt sind, weshalb der Platz hohe Ansprüche an die Drives stellt. Um mit dem zweiten Schlag das Grün zu erreichen, muss der Abschlag nicht nur gerade, sondern auch lang sein. Verzogene Schläge finden sich, wenn überhaupt, im tiefen Untergehölz zwischen den Kiefern und Birken wieder. Angesichts der vielen natürlichen Hindernisse, musste der Platzarchitekt nicht viele hinzufügen – so finden sich kaum mehr als 30 Bunker auf den 18 Löchern, die bis auf einen alle in Grünnähe positioniert sind.

Obwohl Golf in Bremen schon seit der Jahrhundertwende gespielt wurde, entstand der 18-Löcher-Platz erst im Jahr 1970, als der frühere deutsche Juniorenmeister August Weyhausen den Platzarchitekten Bernhard von Limburger für den Bau verpflichtete. Dieser schuf ein Design, das sowohl für den normalen Golfer als auch für Spitzenspieler eine Herausforderung ist – kein Wunder, bei einer maximalen Länge von 6535 Metern. In der Tat muss das Spiel intelligent angegangen werden, will man auf dem Par-74-Platz (das Rating liegt bei 75) bestehen. An vielen Stellen muss man strategische Entscheidungen treffen, da man zwischen verschiedenen Varianten wählen kann, Bäume aber immer im Weg stehen.

Nur ein Jahr nach seiner Eröffnung richtete der Club zur Vahr seine erste German Open aus, die der Engländer Neil Coles mit 17 unter Par und 279 Schlägen gewann. Gemeinsam mit dem Australier Peter Thomson stellte Coles den Platzrekord auf 68 Schläge. Noch weitere zwei Male gastierte die German Open in Bremen – 1975 und 1985. In jenem Jahr war es Bernhard Langer, der bei der auf 54 Löcher reduzierten Meisterschaft über Mark McNulty aus Zimbabwe und Michael McLean aus England triumphierte. Bernhard Langer gewann in Vahr seinen dritten Titel mit einem Vorsprung von sieben Schlägen.

Club zur Vahr
Aus der Sicht Gary Players

Das strategische Layout Bernhard von Limburgers ist für das hohe Ansehen verantwortlich, das der Platz in Europa genießt. Die Bahnen verlaufen durch einen hohen Kiefernwald, wobei der Spieler ständig über die richtige Spielweise nachdenken muss. Bis in die 60er-Jahre des 20. Jahrhunderts war man in Deutschland – und auch in anderen europäischen Ländern – der Auffassung, man benötige gar keinen internationalen Meisterschaftsplatz. Umso mehr steht der Club zur Vahr als frühes Beispiel eines Weltklasseplatzes auf dem europäischen Festland. Heutzutage, wie auch der Sporting Club Berlin zeigt, erlebt der Golfsport seine eigene Blütezeit in Sachen Platz-Design.

LINKS: *Das Grün des langen 2. Lochs, eines Par 5, kann man nur dann in zwei Schlägen erreichen, wenn man sich sehr präzise auf der linken Seite des Fairways hält und peinlichst darauf achtet, den Bäumen und dem dichten Unterholz aus dem Weg zu gehen. Erschwerend kommt hinzu, dass ein Bachlauf das Fairway 282 Meter vom Abschlag entfernt kreuzt, der schließlich in einem Teich mündet. Nicht zu vergessen sind die beiden Bäume inmitten des Fairways.*

OBEN: *Die Fairways in Vahr sind von hohen Bäumen und tiefem Unterholz gesäumt, was die Schwierigkeit dieses Platzes ausmacht.*

EL SALER

Golf am Mittelmeer

VALENCIA, SPANIEN

Der Golfclub El Saler bei Valencia an der Ostküste Spaniens überrascht mit einem merkwürdigen Mix aus Links- und Parkland-Elementen. Von den hintersten Tees misst der 18-Löcher-Platz 6485 Meter, wobei eine ganze Palette von Stilen einfließt – einerseits säumen hohe Kiefern die Fairways, andererseits winden sich spektakuläre Küstenlöcher durch die Sanddünen am Golf von Valencia, wo eine frische Seebrise für Abkühlung sorgt. Eine faszinierende und abwechslungsreiche Golfrunde ist also gewährleistet.

Bestes Beispiel für den Stil-Mix in El Saler dürfte der Gegensatz zwischen dem ersten Loch, einem Parkland-Par-4 von 400 Metern, das als Dogleg nach rechts von hohen Kiefern gesäumt wird, und dem 17. Loch sein, bei dem man das von Bunkern umgebene Grün nach 195 Metern inmitten von Links anspielen muss. Es gibt nicht viele vergleichbare Plätze, bei denen man wie in El Saler von hohen Dünen aus abschlägt, durch schmale, von tiefem Rough gesäumte Fair-

ways spielt, um letztlich auf einem Grün zu landen, das von Bäumen dicht umzingelt ist.

Entworfen wurde El Saler von dem spanischen Golfer und Architekten Javier Arana, auf dessen Konto so bekannte Anlagen wie der Club de Campo in Madrid und El Prat in Barcelona gehen. Zweifellos ist aber El Saler Alanas Meisterstück, was man erst erkannte, als der Turnier-Golfsport in Europa um 1970 zu boomen begann. Inzwischen gehört der Parcours zum festen Inventar der europäischen Tour: 1984 und 1989 fand hier die Spanish Open statt, die Turespaña Open 1993 sowie die Turespaña Masters 1999. Unübertroffen ist freilich die Spanish Open 1984, als Bernhard Langer in der letzten Runde den unglaublichen Platzrekord von 62 Schlägen aufstellte, um schließlich nach einem Rückstand von sieben Schlägen noch zu gewinnen. Insgesamt spielte er ab dem 5. Loch neun Birdies auf elf Löchern. Offensichtlich war es die spielerische Hochphase in Langers Karriere, die er

LINKS: *Die Küstenlöcher führen mitten durch Dünen – der schottische Links-Stil am Mittelmeer.*

mit dem Masters-Sieg im Augusta National 1985 unter-
strich. Bernhard Langer selbst bezeichnet diese Phase als
seine besten Golfjahre und El Saler als einen der besten
Plätze Europas. 1989 holte Langer in El Saler seinen zweiten
Spanish Open Titel.

OBEN: *Das 17. Loch ist ein 195 Meter langes Par 3 und befindet
sich unmittelbar an der Küste. Umgeben ist es von großen Bunkern
und tiefem Rough, was einen präzisen Drive voraussetzt.*

El Saler
Aus der Sicht Gary Players

*Es ist einfach ein wunderbarer Platz unweit von Valencia. Er hat Links-Charakter einerseit und hohen Baumbestand ande-
rerseits. Von den hinteren Abschlägen ist er auch für die besten Spieler eine Herausforderung. Mir gefallen vier Löcher ganz besonders: Das 4. Loch (Par 5) entlang der Dünen und der Mittelmeerküste, das auf einem lang gezogenen Stufengrün endet; das
8. Loch (Par 4), weil es echtes Links-Feeling aufkommen lässt, das charmante 9. Loch (Par 3) sowie das fantastische 18. Loch
als anspruchsvolles Par 4. Dieser Weltklasse-Platz darf auf einem Spanientrip nicht fehlen.*

VALDERRAMA

Ein Trent Jones Klassiker

SOTOGRANDE, SPANIEN

Valderrama befindet sich in den Hügeln von Sotogrande an der Costa del Sol. Als der Platz 1975 von Robert Trent Jones gebaut wurde, hieß er ursprünglich Los Aves. Schon damals hielt Trent Jones den Parcours für einen seiner besten Entwürfe. Der Stil ist in der Tat sehr amerikanisch, angesichts der riesigen Abschlagzonen, der großzügig dimensionierten Grüns mit vielen Stufen, der weitläufigen Bunker und zahlreichen Wasserhindernisse. Der Platz in der ehemaligen Kork-Plantage erfordert nicht unbedingt große Längen, dafür umso mehr Präzision – sowohl vom Abschlag aus als auch beim Anspiel aufs Grün.

1985 wurde das Anwesen von einem Konsortium erworben, an dessen Spitze der Industrielle Jaime Ortiz-Patiño stand. Erneut wurde Trent Jones aktiviert, um das Layout des Platzes zu überarbeiten. Sein Hauptaugenmerk richtete er auf eine klarer definierte Drivelinie, auf präzi-sere Annäherungsschläge sowie auf den Schwierigkeitsgrad im Allgemeinen.

Sehr schnell war Valderrama auch der sportliche Höhepunkt der europäischen Tour, wurde hier doch gleich mehrmals in Folge die Volvo Masters ausgetragen. Internationale Bedeutung erlangte der Platz freilich mit der Ausrichtung des Ryder Cups 1997, als der Wettkampf erstmals auf dem europäischen Festland ausgetragen wurde. Der spanische Golf-Held Severiano Ballesteros führte das europäische Team als Captain zum 1-Punkt-Sieg gegen die USA, in deren Team erstmals Tiger Woods antrat.

Ironischerweise hatte ausgerechnet Severiano Ballesteros das 17. Loch in Valderrama umgebaut, was seitdem als umstritten gilt. Denn eigentlich wäre das Par-5-Loch mit 467 Metern leicht in zwei Schlägen zum Grün zu bewältigen, stünden nicht in der Mitte des Fairways zwei Erhebungen,

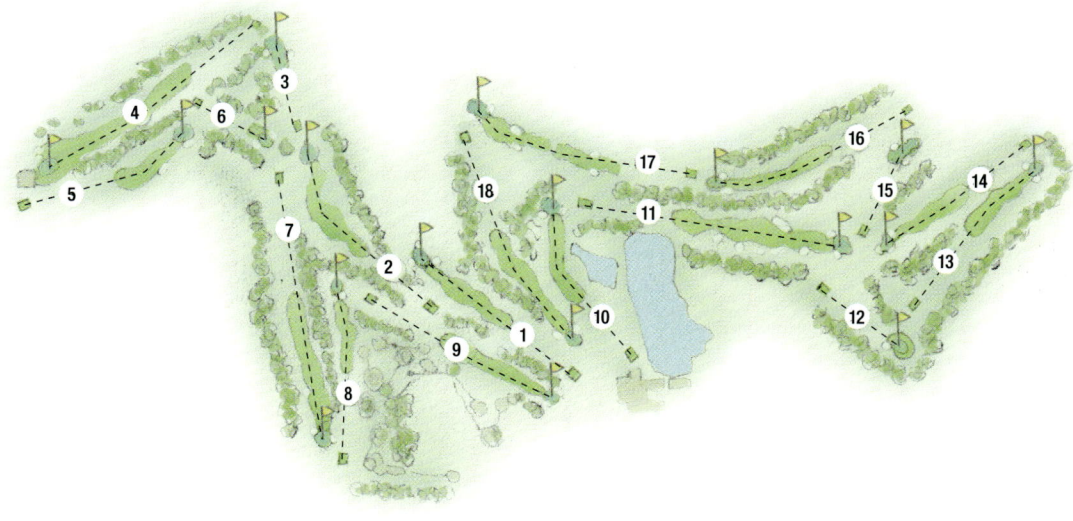

RECHTS: *Ein Wasserhindernis umfließt das Grün des 500 Meter langen 4. Lochs (Par 5) auf der rechten Seite.*

deretwegen dieses Loch zum Glücksspiel wird. Zusätzlich zu den Hügeln befinden sich mitten in der Drive-Zone Fairway-Bunker, außerdem neigt sich das Fairway zum Wasser hin, was wiederum lange Eisenschläge zum Grün erschwert. Rollende Bälle werden fast magisch in den See gezogen. Auch jenseits des Gewässers sind die Abhänge so steil, dass ein Ball mit zu viel Backspin automatisch im Teich landet. Wer hat eigentlich behauptet, dass Golf fair sein muss?

Ein weiterer Höhepunkt folgte 1999 mit der Austragung der mit fünf Millionen Dollar dotierten World Golf Championship, bei der der Sieger eine Million Dollar Preisgeld kassiert. Als Juwel im Golfparadies Costa del Sol hat Valderrama inzwischen eine Vorbildfunktion für viele Golfprojekte übernommen, die wie Pilze an der spanischen Südküste aus dem Boden schießen.

Valderrama
Aus der Sicht Gary Players

Dieser Platz ist einer der besten Europas, wenn nicht der Welt. Hunderte von Kork-Bäumen und fantastische Ausblicke aufs Mittelmeer sorgen für ein traumhaftes Ambiente. Besitzer Jaime Ortiz-Patiño legte größten Wert darauf, dass von Beginn an die Umweltstandards eingehalten wurden, was ich begrüße. Valderrama ist der schwerste Platz der europäischen Tour, was Nick Faldo 1992 so kommentierte: „Man muss hier wie ein Gott spielen, will man Par erreichen." Schön und gut: Par ist ja auch ein guter Score.

RECHTS: *Die Annäherung zum Grün des umstrittenen 17. Lochs will genau bedacht sein. Fairway und Grün hängen zum Wasserhindernis. Doch die Diskussion um dieses Loch gründet sich auf zwei Erhebungen mitten auf dem Fairway, die das Anspiel zur Glücksache machen.*

MANNA

Ein japanischer Garten

CHIBA, JAPAN

Auf dem von Gary Player entworfenen Manna Country Club bei Chiba im Osten Tokios fühlt man sich wie in einem japanischen Garten. Eröffnet wurde der Parcours auf leicht welligem Gelände im Oktober 1996. Die perfekt gepflegten Abschläge und Fairways, die von hohen Bäumen gesäumt werden, münden auf Grüns aus Zysia Japonica sowie Bent-Gras. Die ganze Anlage lebt vom dramatischen Kontrast zwischen der Landschaft und dem Platz mit seinen weißen Bunkern, deren vorderer Rand aus rohem Ton aufgebaut ist.

Etliche Wasserläufe kreuzen den 18-Löcher-Platz, der von den hinteren Tees 6605 Meter misst. Am attraktivsten ist das 9. Loch, ein Par 4, bei dem ein Bach auf der linken Seite der Bahn verläuft.

Ungewöhnlich ist auch das Clubhaus, das einem historischen Schloss in Europa nachempfunden ist und für das der Stein aus den USA importiert wurde. Das luxuriöse Innere wurde von italienischen Handwerkern ausgestattet. Integriert ist hier auch die Gary Player Golf Academy mit angegliedertem Übungsbereich, auf dem nach der Lehrmethode von Gary Player unterrichtet wird.

Auch Japan machte in den letzten Jahren einen Golfboom mit, weshalb Gary Player insgesamt dreizehn 18-Löcher-Plätze entwarf – und das in einem Land, in dem Grund und Boden ein so hochwertiges Gut ist. Umso erstaunlicher, dass im Manna Country Club gleich noch ein zweiter Platz ge-

baut wurde, der speziell auf die Bedürfnisse älterer Golfer zugeschnitten ist. Die Attraktion sind freilich die acht Stationen, auf denen man einen Gesundheits-Check durchführen und z.B. seine Herzfrequenz und seinen Blutdruck messen kann. Selbstverständlich gibt es überall Telefone, mit denen man im Notfall einen Arzt rufen kann. Nicht zu vergessen ist die Minibahn, die den Golfer samt Elektro-Cart zum Abschlag fährt.

RECHTS UND OBEN RECHTS: *Das wellige Terrain, die Höhenunterschiede sowie der ungewöhnliche Bunkerstil sind typisch für das Design des Manna Country Clubs. Bemerkenswert sind die tiefen Bunker mit ihren steilen dunklen Kanten und dem daraus resultierenden Kontrast.*

Manna
Aus der Sicht Gary Players

*Dies ist mein liebster Platz in Japan. Manna steht
für dramatisches Bunker-Design, was in dieser Form
erstmals in diesem Land stattfand. Die Sandhindernisse haben in der Regel eine harte Steilwand, so dass
sich der Ball hier nie eingräbt. Formal sind die
Bunker Elementen nachempfunden, wie man sie in
japanischen Gärten findet. Ungewöhnlich ist die
gelblich-braune Farbe des Sandes, die bei Regen noch
dunkler wird. Ohne Übertreibung ist der Manna
Country Club einer der fünf am besten bebunkerten
Plätze der Welt. Dramatische Höhenunterschiede und
schöner Baumbestand sorgen dafür, dass man sich fühlt
wie im Paradies.*

ERINVALE

Golf im Weinanbaugebiet

SOMERSET WEST, SÜDAFRIKA

Erinvale in Somerset West, etwa 50 Kilometer von Kapstadt entfernt, gehörte zu den ersten Immobilienentwicklungen in Südafrika, bei denen innerhalb eines Golfprojektes auch Häuser gebaut wurden. 1990 entstand der Parcours auf dem ehemaligen Vergelegen Estate der Familie Gant unter der Regie von Gary Player und seinem Team. Der Platz selbst teilt sich in zwei völlig unterschiedliche Abschnitte, nicht zuletzt, da er sich zu Füßen des beeindruckenden Helderberg-Gebirges befindet und von Weinanbau umgeben ist. Die ersten neun Löcher sind demnach relativ flach mit einigen Links-Stilelementen, wie welligen Fairways, tiefen Bunkern mit ausgeprägter Kante und einigen Bäumen. Die zweiten Neun hingegen sind mitten in die Berge hinein gebaut, von denen aus man fantastische Ausblicke auf den Atlantik und die False Bay hat. Bäume und Wasserhindernisse kommen sehr stark ins Spiel, was den Löchern einen parkähnlichen Charakter verleiht. Spielbestimmend ist ferner der Wind, der durch die

Täler hindurch zieht und die Schwierigkeit des überwiegend geraden Bahnenverlaufs erhöht.

Geradezu dramatisch ist das 13. Loch, ein hangabwärts und leicht nach links führendes Par 5. Im Rücken hat man die gewaltigen Berge und vor einem erstrecken sich die Weinreben. An klaren Tagen hält das 15. Loch Ausblicke bereit, wie man sie von einem Golfplatz nicht unbedingt erwarten dürfte und man hat deshalb Schwierigkeiten, sich auf das heikle Par 4 zu konzentrieren. Das 16. und 17. Loch führen hangabwärts zum Clubhaus, sind aber sehr stark den Winden ausgesetzt. Beim 17. liegen die Tücken in einer Ausgrenze auf der rechten Seite und Bäumen auf der linken.

Nur kurze Zeit nach der Platzeröffnung fand in Erinvale 1996 der World Cup statt – übrigens das erste Mal überhaupt in Südafrika. In den vier Jahren zuvor hatten stets Davis Love III und Fred Couples aus den USA die Meisterschaft dominiert, doch zum angepeilten fünften Titelgewinn in Folge schickte man Tom Lehman und Steve Jones. Die Amerika-

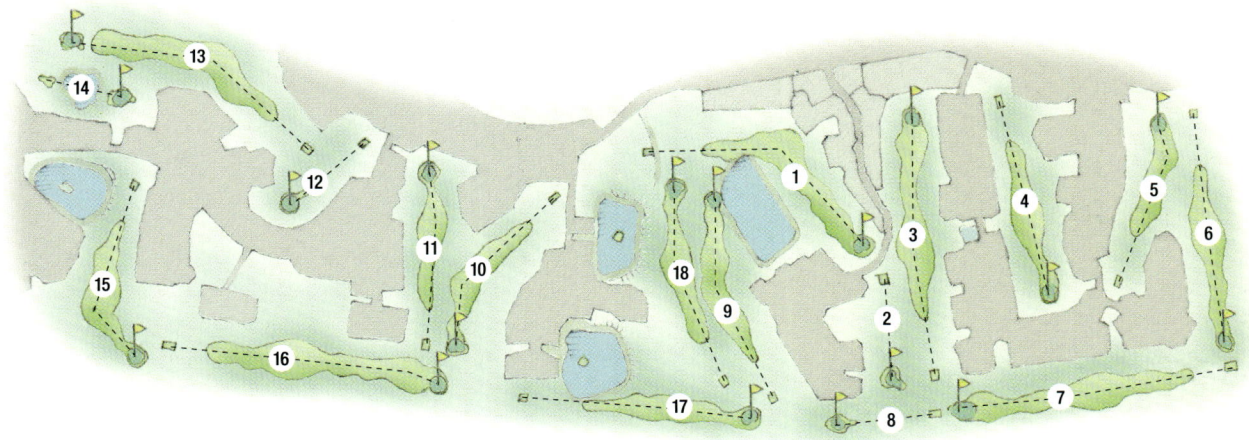

RECHTS: *Das Grün des 8. Lochs (Par 3) wird in Richtung des Helderberg-Gebirges angespielt. Im Hintergrund ist das Grün des 17. Lochs, eines Par 4, zu sehen. Die Nähe zur False Bay bedingt freilich, dass der Platz den stürmischen Winden des Kaps ausgesetzt ist.*

ner hatten die Rechnung ohne den Wirt gemacht, waren es doch die Lokalmatadoren Ernie Els und Wayne Westner, die Zuhause ihr Publikum begeisterten. Ernie Els gewann zusätzlich noch die Einzelwertung.

Seit diesem Turnier hat sich der Platz wesentlich verändert. Zahlreiche Neubauten säumen jetzt den Kurs. Mit zunehmendem Alter allerdings und dem Anwachsen der teilweise noch jungen Bäume wird der Platz zu voller Reife kommen. Jetzt schon gilt er als einer der besten und fairsten golferischen Herausforderungen am Kap.

Erinvale
Aus der Sicht Gary Players

Ich bin schon stolz darauf, dass mein Design-Team diesen einzigartigen Platz entworfen hat. Vor allem auf den zweiten neun Löchern spielt man in die Berge hinein und hat fantastische Ausblicke auf das Helderberg- und das Hottentot-Holland-Gebirge. Das Meer sowie die zahlreichen Weinanbaugebiete im Hintergrund bzw. die Vergelegen Winery direkt neben dem Platz sorgen für weitere optische Attraktionen. Wenn alle Bäume einmal angewachsen sein werden, gehört dieser Platz zu den besten Anlagen Südafrikas.

OBEN: *Action am 15. Loch während des World Cups 1996. Es gewannen die Südafrikaner Ernie Els und Wayne Westner. Im Hintergrund zu sehen ist die Küstenstadt Strand.*

ROYAL MELBOURNE

Wenn der Osten auf den Westen trifft

Royal Melbourne ist zweifellos einer der besten Meisterschaftsplätze außerhalb der USA und Englands, wobei hier das Können zweier Meister verschmilzt – das von Alex Russell und von Dr. Alister Mackenzie. Gegründet wurde der Golf Club Royal Melbourne im Jahr 1891, nur wenige Jahre, nachdem der Sport überhaupt seinen Weg in die südliche Hemisphäre gefunden hatte. Pionier war hier zunächst der Dunedin Golf Club im neuseeländischen Otage im Jahr 1871, gefolgt vom Golfclub Royal Cape Town in Kapstadt, Südafrika, 1885.

Zahlreiche frühe Mitglieder in Melbourne waren Auswanderer aus England, manche von ihnen kamen sogar aus St. Andrews, dem Home of Golf. In diesem Zusammenhang ist es wenig überraschend, dass man schon bald nach einem Dünengelände mit Seegras suchte, das dem schottischen Vorbild eines Links-Platzes äußerlich glich. 1924 wurde man fündig und verpflichtete den brillanten Architekten Alister Mackenzie für das Platzdesign. Mackenzie war allerdings so feinfühlig, den amtierenden Australian-Open-Champion Alex Russell mit ins Boot zu holen. Letzterer baute schließlich gleich noch einen zweiten Platz nebenan. Große Anerkennung gebührt auch dem Head-Greenkeeper Claude Crockford, der viel zum lang anhaltenden Ruf von Royal Melbourne beigetragen hat. Jeweils einige Löcher der beiden Plätze kombinierte er zum sogenannten „Composite Course". Ergebnis war und ist ein Parcours von außergewöhnlicher Qualität, der die Schönheiten eines Platzes wie Augusta und die Eigenschaften eines Links Courses vereint. Nicht ohne Grund genießt Royal Melbourne den Ruf, über die schnellsten und treuesten Grüns weltweit zu verfügen. Allerdings steigern die Rough-besetzten Bunker noch den ohnehin hohen sportlichen Anspruch.

Im Jahr 1959 war Royal Melbourne Austragungsort des World Cups, der zu jener Zeit noch Canada Cup hieß. In jenem Jahr gewannen die Australier Peter Thomson und Ken Nagle. Aus dem World Cup 1972 ging das taiwanesische Team als Überraschungssieger hervor. Und 1998 wurde im Royal Melbourne der Presidents Cup ausgetragen, bei dem ein US-Team auf ein internationales Team trifft. Bezeichnenderweise war Peter Thomson der Non-Playing Captain bei insgesamt vier australischen Team-Mitgliedern. Sie gewannen gegen die hoch favorisierten Amerikaner unter Jack Nicklaus – übrigens gleich beim ersten Mal, da der Presidents Cup

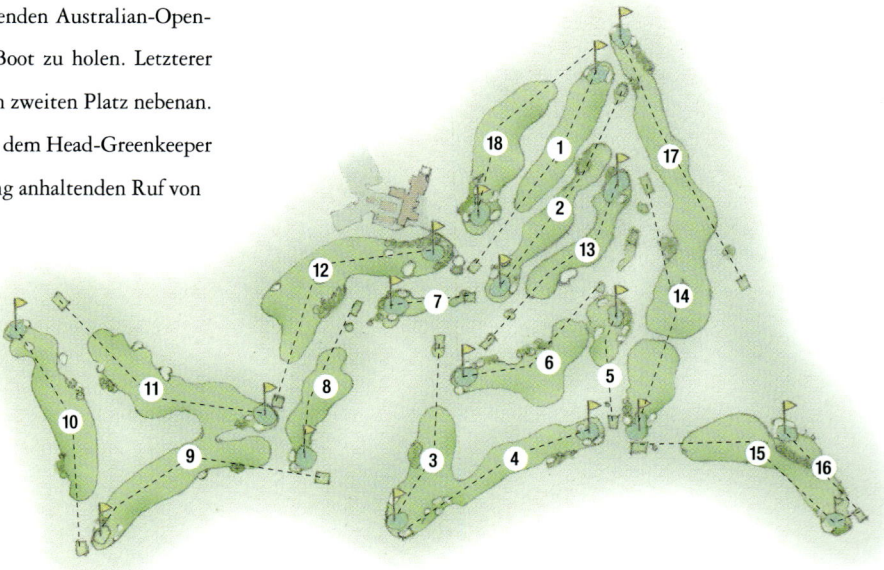

LINKS: *Der Meisterschaftsplatz in Royal Melbourne setzt sich aus 12 Löchern des East Course und sechs Löchern des West Course zusammen.*

Royal Melbourne
Aus der Sicht Gary Players

Allein der West und der East Course in Melbourne sind schon eine Klasse für sich. Doch wenn sich beide zum Composite Course vereinen, gehören sie zu den besten der Welt. Der Ost-Parcours verfügt über die schnellsten Grüns, die ich je gespielt habe, und beide Plätze sind sehr stark dem Wind ausgesetzt. Berühmt-berüchtigt ist Royal Melbourne ferner für seine spektakulär geformten Bunker, die eher wie Kunstwerke und weniger wie reine Sandhindernisse aussehen. Nirgendwo sonst wird dies deutlicher als auf einigen Par-4-Löchern, wo die Bunker fast vollständig die Breite des Fairways einnehmen. Auf diesem Platz muss man den Ball sehr gerade halten, da Mackenzies Mammut-Bunker die Bälle förmlich verschlucken können.

nicht in den USA ausgetragen wurde. Zuvor hatten die Amerikaner 1994 und 1996 die letzten beiden Begegnungen im Robert-Trent-Jones Club in Virginia gewonnen. Der gnadenlosen australischen Sonne zollten nicht nur die US-Golfer Tribut, sondern auch acht Mitglieder von Fernsehteams, die angesichts der Hitze kollabierten. Nach vier Tagen und 32 Begegnungen stand das International Team mit 20,5 zu 11,5 Punkten als Sieger fest.

OBEN: *Spieler auf dem Weg zum 18. Grün während der Johnny Walker Australian Classic 1991. Geschützt wird das Grün durch große, ungewöhnlich geformte Grüns.*

SAN LORENZO

Meisterwerk an der Algarve

QUINTA DO LAGO, AMANCIL, PORTUGAL

Der Name Quinta do Lago auf dem 2000 Hektar großen Besitz an der portugiesischen Algarve ist Programm, leitet sich doch der Name von den riesigen Wasserflächen ab, die natürlich auch ein wesentliches Stilelement auf dem Golf Club San Lorenzo sind. Angelegt wurde der Platz 1988 von den amerikanischen Architekten Joseph Lee und Rocky Roquemore, wobei auch Wald und Schirmakazien eine große Rolle spielen. Vom Platz aus hat man besonders an den Löchern 6, 7 und 8 fantastische Ausblicke auf das Ria Formosa Naturschutzgebiet.

Auf dem Par-72-Platz (das Rating beträgt 73) mit einer Länge von 6238 Metern ist taktisches Spiel unbedingt erforderlich. Wasser dominiert zum Beispiel das gesamte 6. Loch, vom 8. (Par 5) ganz abgesehen, dessen 525 Meter entlang eines riesigen Sees verlaufen und bei dem ein Slice automatisch einen Strafschlag zur Folge hat. Spektakulär ist das Inselgrün am 18. Loch, bei dem es auf einen sehr genau dosierten Annäherungsschlag ankommt.

Aufgrund der Tatsache, dass sich San Lorenzo mitten in einem Urlaubsgebiet befindet, sind eine gut

gefüllte Brieftasche und Schläger längst nicht alles, um hier spielen zu können. Gäste des angegliederten Hotels blockieren mitunter tagelang die Startzeiten, so dass viel Geduld angebracht ist. Entschädigt wird man mit der Qualität des Parcours, da die Greenkeeper den Platz täglich so vorbereiten, als fände eine Meisterschaft statt. San Lorenzo gefällt sich schließlich in der Rolle des Schauobjekts.

RECHTS: *Das 6. Loch mit fantastischen Ausblicken auf das Naturschutzgebiet von Rio Formosa. Wasser befindet sich auf der gesamten rechten Seite des Lochs. Ähnliche Ausblicke hat man auch vom 7. und 8. Loch.*

San Lorenzo
Aus der Sicht Gary Players

Quinta do Lago ist Teil des Nationalparks von Rio Formosa, einem ausgedehnten Waldgebiet mit attraktiven Seen. Die gesamte Region ist für ihre gepflegte Landschaft berühmt. Auf dem Platz gleichen nicht zwei Löcher einander – und am 5. genießt man großartige Ausblicke auf den Atlantik. Das 8. Loch verläuft entlang des größten Sees auf dem Gelände, das neben mehreren Weltklasse-Resorts auch ein 5-Sterne-Hotel beheimatet.

OBEN: *Am 17. und 18. Loch kommt ein großer See ins Spiel. Im Hintergrund säumen Schirmakazien die perfekt gepflegten Fairways.*

BIS ZUM ÄUSSERSTEN

Wenn natürliche Grenzen verschoben werden

Moderne Baumaschinen und große Geldsummen haben es möglich gemacht, dass die Grenzen des Natürlichen überschritten werden konnten. Wüsten, Buschland und Gebirge stellen kein Hindernis mehr dar, wenn es darum geht, die golferischen Grenzen zu verschieben. War es früher aufgrund natürlicher Barrieren in bestimmten Gebieten unmöglich, einen Golfplatz zu bauen, so stellen Gelände ohne Wasser, Erde oder Bäume kein Tabu mehr dar. Selbst steile Gebirgslandschaften werden erschlossen. Dies alles ist freilich nicht nur ein Triumph der Technologien, sondern auch der Vorstellungskraft der Golfplatzarchitekten und letztlich der Finanziers zu verdanken.

Insbesondere Wüsten-Golfplätze gehören zu den größten Errungenschaften. Dem Spieler eröffnen sich perfekt gepflegte Landschaften, auf die jahrein, jahraus die Sonne brennt, und bei denen sich die Fairways und Grüns von den trockenbraunen Wüstenlandschaften im Hintergrund wie eine Oase abheben. Eine der jüngsten Kreationen in diesem Zusammenhang ist der von Gary Player gebaute Soma Bay in Ägypten. Ein Platz, der wie schon andere in den Vereinten Arabischen Emiraten schier aus dem Boden gestampft wurde. Sogar Turniere der europäischen Tour wurden im Emirates Golf Club schon ausgetragen. Golf in der Wüste – dies steht nicht mehr nur mit Mission Hills in Palm Springs auf der golferischen Landkarte.

Gebirgsplätze, wie etwa im schweizerischen Crans-sur-Sierre, ermöglichen die wohl spektakulärsten Ausblicke in der Golfwelt. Ausblicke, die dem golfinteressierten Publikum nicht unbekannt sein dürften: Jedes Jahr wird die European Masters in alle Welt übertragen.

Golf im Buschland – dies ist eine Variante, die dem afrikanischen Kontinent vorbehalten ist. Designs wie der Gary Player Country Club sowie der Lost City Country Club in Sun City bei Johannesburg oder Leopard Creek im Krüger National Park wurden aus dem afrikanischen Busch förmlich heraus geschält. In Leopard Creek eröffnet sich dem Golfer die unvergleichliche

Perspektive, den afrikanischen Busch mit seinem Tierleben hautnah zu erleben. Mit wachsender Popularität des Golfsports steigert sich auch der Anspruch der Golfplatz-Architekten.

Meeres-Golfplätze im Stile eines Pebble Beach in Kalifornien sind auf einem Geländetypus angelegt, der trotz der Nähe zur See mit einem klassischen Links Course nicht zu vergleichen ist. Im Gegenteil – häufig sind sogar Stilelemente eines Parkland-Platzes zu finden je weiter der Parcours ins Inland schwenkt. Wenn die Spielbahnen sich jedoch dem Wasser nähern, bieten sie nicht nur fantastische Ausblicke, sondern auch Schläge auf höchstem Niveau. Nicht selten geht es dann über Klippen und über die tosende See hinweg. Sogenannte Ocean Courses sind freilich wie die Links den Seewinden ausgesetzt, was sich auf den Charakter des Platzes auswirkt.

Relativ neu ist der Trend zu sogenannten Stadion-Golfplätzen, wie sie in Amerika sehr populär sind. Hier stehen die Architekten vor der schweren Aufgabe, einerseits für die Spieler eine Herausforderung zu schaffen, andererseits den Zuschauern genügend Platz einzuräumen. Dies hat zur Folge, dass das Gelände rund um Tees und Grüns sehr stark angehoben wird. Heutzutage gibt es eine ganze Reihe von Plätzen, die von vorne herein als TPC-Courses (Tournament Player's Courses) angelegt werden. Beispiele dafür sind der TPC-Platz von Jasna Polana in Princeton, New Jersey, der TPC in Sawgrass in Ponte Vedra Beach, Florida, jährlicher Austragungsort der US PGA Tour's Players Championship, sowie der TPC in Summerlin, wo die Las Vegas Invitational stattfindet.

Während TPC-Plätze überwiegend zu dem Zweck angelegt werden, die besten Golfer der Welt herauszufordern, verfolgen Resort-Plätze genau das Gegenteil. Typisch für diese Ferienanlagen sind breite Fairways, große Grüns und viele Abschlagmöglichkeiten. Resort-Plätze sind wie die TPC-Anlagen ein modernes Phänomen, das aus dem Bedürfnis geboren ist, Spielmöglichkeiten für bestimmte Gruppierungen zu schaffen.

OBEN: *Das neue 5. Loch (Par 3) in Pebble Beach wurde von Jack Nicklaus entworfen. Ursprünglich verlief das 5. Loch weiter im Inland, doch Nicklaus verlegte es entlang der Klippen der Monterey Peninsula, so dass die Spieler jetzt spektakuläre Aussichten auf die Stillwater Cove und den Pazifik haben.*

OBEN: *Das schweizerische Crans-sur-Sierre gehört mit der European Masters zu den spektakulärsten Austragungsorten auf der europäischen Tour.*

Während der Wintermonate dient das Gelände als Übungspiste für Ski-Anfänger, um dann im Sommer wieder zur Spitzenform für Golfer aufzulaufen.

CYPRESS POINT

Wilde Schönheit auf der Monterey-Halbinsel

PEBBLE BEACH, KALIFORNIEN, USA

Cypress Point ist ein Ocean Course von außergewöhnlicher natürlicher Schönheit, ein wahres Meisterwerk des Golfplatzbaus. Gary Player bezeichnete den Parcours einmal als einen der perfektesten Plätze der Welt: „Dieses Terrain geht scheinbar mühelos von einem Inland- in einen Heideplatz über, um schließlich auf Links zu münden. Cypress Point kombiniert jede nur denkbare Form des Golfsports."

Wie sein berühmter Nachbar Pebble Beach liegt Cypress Point circa 160 Kilometer südlich von San Francisco zu Füßen der Santa Lucia Mountains auf einem wilden und zerklüfteten Streifen der Monterey-Halbinsel. Während bei Ebbe die Felsen fast 20 Meter über dem Meeresspiegel liegen, donnern bei Flut die riesigen pazifischen Wellen bis auf den Platz.

Cypress Point selbst befindet sich mitten im Del-Monte-Wald, wobei rund um die Fairways und einige Grüns jene gewaltigen Monterey-Zypressen stehen, die dem Platz ihren Namen gaben. Doch damit nicht genug: Während Fischerboote in See stechen, ziehen Hirsche über den Platz und Seelöwen machen es sich auf den Felsen unterhalb der Grüns bequem.

In dieser spektakulären Umgebung setzte sich der legendäre Golfplatzarchitekt Alister Mackenzie 1928 ein Denkmal. An keiner Stelle wurden die natürliche Schönheit und die fantastischen Ausblicke der Platzqualität geopfert. Um die Kürze des mit 5929 Metern knapp ausgefallenen Platzes zu kompensieren, versah Mackenzie die Grüns mit vielen Stufen und Konturen. Ungewöhnlich ist auch der Bahnenverlauf, bei dem zwei Par-5-Löcher aufeinander folgen. Außerdem brachte Mackenzie sämtliche Par-5-Löcher auf den ersten zehn Löchern unter sowie zwei Par-3-Löcher auf den letzten vier Bahnen.

LINKS: *Die Löcher 15, 16 und 17 verlaufen unmittelbar an den Klippen der Monterey Peninsula und bieten spektakuläre Ausblicke auf den Pazifik. Im Vordergrund ist das Grün des 16. Lochs (Par 3) zu sehen, das auf direktem Weg einen Drive von 213 Metern über das Wasser erfordert.*

Das 16. Loch ist mit Par 3 zweifellos auch das spektakulärste. Sowohl der Abschlag als auch das Grün befinden sich oberhalb des tosenden Pazifiks, wobei der Ball carry eine Bucht von 213 Metern überqueren muss. Gary Player hält dieses Loch für eines der magischsten überhaupt: „Der mutige Golfer betet das Grün herbei, wohl wissend, was ihm im Falle des Versagens an Strafe blüht. Vorsichtigere Mitspieler weichen lieber auf ein mittleres Eisen aus, um wenigstens die Außenseiterchance durch eine gute Annäherung und einen ebensolchen Putt zu wahren. Es ist das klassische Beispiel für strategisches Golfspiel."

Bei entsprechenden Windverhältnissen haben nur wirklich die besten Longhitter überhaupt eine Chance, das Grün mit einem Eisen zu erreichen. Trotz seines hohen Ansehens war Cypress Point niemals Austragungsort eines großen Turniers, und mit 250 Mitgliedern zählt der Club zu den exklusivsten Golfadressen weltweit.

Viele Jahre lang war Cypress Point neben Pebble Beach und Spyglass Hill Austragungsort des Bing Crosby National Pro-Ams, bei dem prominente Schauspieler, Sänger und Sportgrößen gegen die Tour-Stars antreten. Diese Rolle hat inzwischen der benachbarte Platz Poppy Hills übernommen.

Cypress Point
Aus der Sicht Gary Players

Dieser Platz gehört zu meinen drei Favoriten. Wenn ich auf einem Parcours täglich spielen müsste, wäre es wahrscheinlich Cypress Point. Das Layout ist fantastisch, vor allem, weil es Intelligenz und nicht Kraft erfordert. Auch das Design ist außergewöhnlich, weil lange und kurze Löcher einander abwechseln. Vor allem das 8. Loch ist ein wahres Wunder, fließen hier doch schottische Spielelemente mit denen aus Pine Valley und der Monterey Peninsula zusammen. Am 16. und 17. Loch spielt man direkt über die Klippen, weshalb diese Löcher besonders spannend sind.

GANZ OBEN: *Im landeinwärts gelegenen Bereich des Platzes sind die Fairways von hohen Bäumen gesäumt, wie hier am 11. Loch (Par 4). Mackenzies hier bewiesene Vorstellungskraft führte dazu, dass er gebeten wurde, mit Bobby Jones den Augusta National zu bauen.*

OBEN: *Der Blick vom 16. Abschlag. Der Drive führt in der Regel gegen die vorherrschenden Winde zu einem Grün, das von Bunkern umgeben ist. Viele Spieler weichen auf die sicherere Route links über Land aus, wobei dem Drive ein Pitch folgt und recht wahrscheinlich zwei Putts.*

PEBBLE BEACH

Das berühmteste Golf-Finale

MONTEREY, KALIFORNIEN, USA

Irgendwie hat das Santa-Lucia-Gebirge die Monterey-Halbinsel an der Südseite der gleichnamigen Bucht in den Pazifik hinaus gedrückt. Und genau hier befinden sich drei Plätze von allerhöchstem Standard – Cypress Point, Spyglass Hill und Pebble Beach.

Es war im Jahr 1914, als der Neffe des Telegraphen-Erfinders, Samuel Morse, von der Southern Pacific Railroad Company auf die Monterey Halbinsel geschickt wurde, um Baugrund zu erstehen. Als Morse das Potenzial des Areals erkannte, erwarb er 2833 Hektar Land für 1,3 Millionen Dollar. Allerdings verkaufte Morses Arbeitgeber, die Firma Del Monte Property, das Stück Land, auf dem sich heute der Golfclub Cypress Point befindet, für 150.000 Dollar. Da Morse davon überzeugt war, ein Golfplatz würde den Wert des übrigen Grundstücks noch erhöhen, heuerte er den Immobilien-Makler Jack Neville an, der einen Golfplatz entwerfen und bauen sollte. Obwohl

Neville kein Golfplatz-Architekt war, so hatte er doch als guter Spieler bereits zwei Mal die California State Championship gewonnen. Heute ist kaum vorstellbar, dass irgendjemand das Design hätte besser machen können.

Die ersten beiden Eröffnungslöcher führen zunächst landeinwärts und geben wenig Hinweise auf die Magie, die der Platz später ausstrahlt. Allerdings führt das dritte Loch, ein Par 4, in westliche Richtung aufs Meer zu. Aber erst am 4. Loch, einem kurzen Par 4, erblickt man erstmals den Pazifik. Als nächstes wollte Neville das 5. Loch als Par 3 direkt an den Klippen entlang führen, doch hatte Morse das Grundstück verkauft und der neue Eigentümer wollte es sich nicht wieder abkaufen lassen. Dieses Unterfangen gelang erst 1997, und Jack Nicklaus wurde mit dem Bau des neuen Par-3-Lochs beauftragt, das jetzt direkt am Wasser liegt – so wie Neville dies ursprünglich vorhatte.

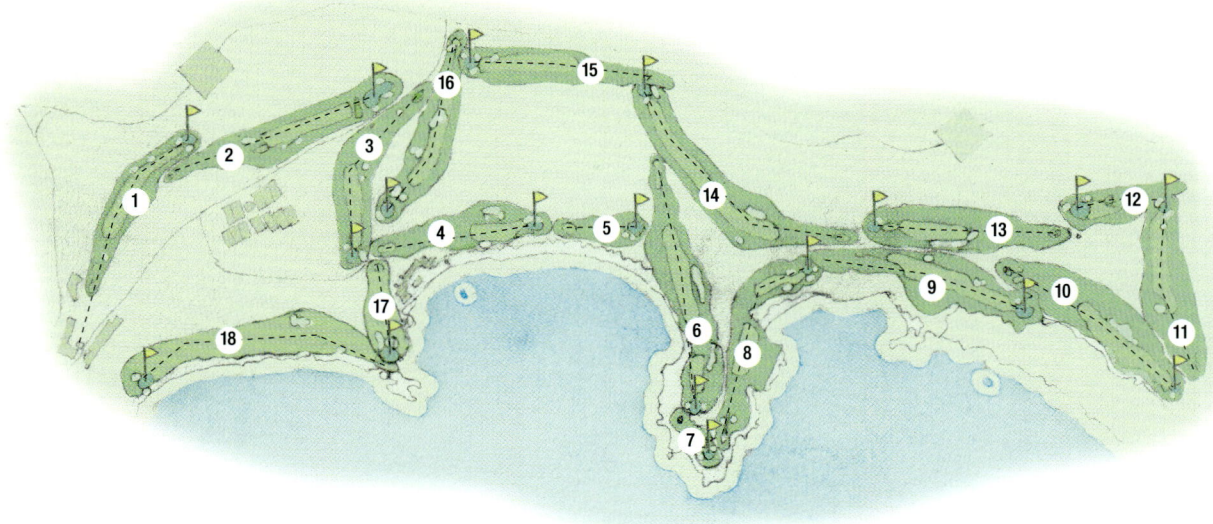

RECHTS: *Der unvergleichliche Tiger Woods während eines Annäherungsschlages bei der US Open im Jahr 2000, die er mit einem Vorsprung von 15 Schlägen gewann.*

von Tom Watson aus Anlass der US Open Championship 1982, als er seinen Chip zum Birdie einlochte. Das 190 Meter lange 17. Loch führt dabei auf ein schmales Grün, das sämtlichen Seewinden der Bucht ausgesetzt ist. Und schließlich ist das 18. Loch ein dramatisches Par 5, das sich an der zerklüfteten Küste in Form eines leichten Doglegs nach links entlang hangelt. Selbst Tiger Woods, der im Jahr 2000 die US Open in Pebble Beach mit dem Rekord-Vorsprung von 15 Schlägen dominierte, versenkte seinen Abschlag in der zweiten Runde ins Wasser. Und John Daly, der Ex-PGA und Open Champion und vielfach als böser Bube des Golfsports gehandelte Longhitter, quittierte dieses Loch mit einem Score von 14 Schlägen und damit 9 über Par. Dies beweist, dass selbst die besseren Golfer von diesem Parcours in die Knie gezwungen werden können.

Nach wie vor ist Pebble Beach ein öffentlicher Platz. Wer bereit ist, 350 Dollar Greenfee zu zahlen (es ist der teuerste öffentliche Platz der Welt), der kann hier jederzeit auf die Runde gehen.

Das 8. Loch, ein Par 4, gilt als eines der spektakulärsten Löcher im Turniergolf überhaupt. Bei einer Länge von 382 Metern muss man sehr vorsichtig auf einem schmalen Plateau oberhalb der Küstenlinie entlang spielen. Von hier aus führt der zweite Schlag über eine Schlucht zum 150 Meter entfernten Grün. Auch hier kommt es darauf an, dass der Drive nicht zu lang ist, was die Schlägerwahl nicht eben vereinfacht.

Die Löcher 17 und 18 haben es als grandioses Finish zu einiger Berühmtheit gebracht. Unvergessen ist der Schlag

Pebble Beach
Aus der Sicht Gary Players

Dieser Platz ist das Heiligtum des amerikanischen Golfsports und jeder muss hier früher oder später spielen. Pebble Beach vereint einfach alles – Höhenunterschiede, kleine und anspruchsvolle Grüns, landeinwärts gelegene Löcher, Küstenlöcher und eine Atmosphäre, die geradezu atemberaubend ist. Noch dazu haben große Turnierplätze die fast unheimliche Eigenschaft, erstklassige Turniere mit unvergesslichen Schlägen und Weltklasse-Champions hervorzubringen. Oder hat jemand den Eisen-1-Schlag von Jack Nicklaus am 17. Loch vergessen, wo der Flaggenstock seinen rollenden Ball aufhielt und er deshalb die US Open 1972 gewann? Oder als zehn Jahre später Tom Watson aus dem Rough einlochte, um auf demselben Grün Jack Nicklaus zu bezwingen?

OBEN: *Tom Watson bei der US Open 1982 in Pebble Beach. Unvergessen ist der eingelochte Chip am 17., mit dem er seinem Erzrivalen Nicklaus den Sieg wegschnappte.*

RECHTS: *Das Grün des 7. Lochs auf der kleinen Halbinsel, die in die Stillwater Cove hinein ragt. Das Par-3-Loch ist typisch für die Dramatik des Klippenlayouts in Pebble Beach.*

RIA BINTAN

Zwischen Wald und der chinesischen See

RIA BINTAN RESORT, BINTAN, INDONESIEN

Die Insel Bintan in Indonesien befindet sich nur 45 Schiffs-minuten vom Tanah Merah Fähr-Terminal in Singapur ent-fernt. Hier liegt mit dem 27-Löcher-Platz Ria Bintan einer der attraktivsten Golfanlagen Asiens, deren Bahnen sich durch Tropenwald und entlang der südchinesischen See win-den. Immer wieder überrascht der Parcours den Golfer mit atemberaubenden Ausblicken und spielerischer Tücke. Von den natürlichen Gegebenheiten einmal abgesehen, sind es vor allem die Bunker, die dem Platz sein dramatisches Aussehen verleihen. Die scharfen Bunkerkanten stehen oft in heftigem Kontrast zum weißen Sand, den perfekt manikürten Grüns und der aufgewühlten See.

Anfang 1994 fragte die Grundstückseigentümerin, die Firma Keppel Land, bei Gary Player an, ob er einen Meister-schaftsplatz bauen könne? Als Player das Gelände erstmals sah, soll er gesagt haben „dies ist eines der besten Gelände, auf denen ich je arbeiten durfte".

Eröffnet wurde Ria Bintan im Jahr 1998, wobei ein we-sentlicher Aspekt die Tatsache ist, dass es sich auf dem 447 Hektar großen Gelände um eine Kooperation zwischen den Staaten Singapur und Indonesien handelt. Ziel beider Län-der ist es, in Zukunft verschiedene Hotels, Villen mit Meeresblick und Appartements zu errichten, die eine Art Ferienclub bilden sollen.

Das spektakulärste Loch ist zweifels-ohne das 9., das auch als eines der be-sten Par-3-Löcher Asiens gilt. Das Grün befindet sich auf einer Fels-formation, die direkt ins Meer hineinreicht. Natürlicher Re-genwald ist der Hintergrund die-ser langen, aber schmalen Putting-Zone, die bei dem vorherrschenden Ostwind sehr weit weg liegen kann. Das 18. Loch hat es mit 445 Metern ebenfalls in sich. Auf dem Dogleg nach links befindet sich Wasser auf der linken Seite und dichter Wald auf der rechten. Zwar ist die Drive-Zone relativ groß, doch die Annäherung wird durch einen großen See rechts vor dem Grün erschwert.

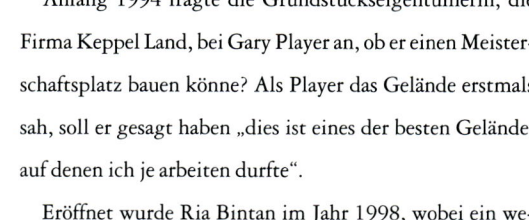

LINKS: *Das 10. Loch in Ria Bintan ist als leichtes Dogleg nach links und als flaches Par 4 angelegt. Es verläuft entlang der Küstenlinie und mündet auf einem welligen, von Topfbunkern verteidigten Grün.*

Ria Bintan
Aus der Sicht Gary Players

Spieler aller Könnensstufen haben dank fünf verschiedener Abschläge auf dem 6400 Meter langen Platz eine faire Chance. Gebaut ist der Platz in tiefstem Busch in unmittelbarer Seenähe, wobei ein Grün sich sogar auf „hohe See" hinaus wagt. Das Layout ist außergewöhnlich und verspricht auf seine Art eine ebenso anspruchsvolle Herausforderung wie Pebble Beach in den USA. Durch das fantastische Clubhaus weht die angenehme Seeluft – Ria Bintan ist wahrscheinlich der beste Platz in Indonesien.

GANZ OBEN: *Gewaltige Pinien flankieren das Fairway des 7. Lochs (Par 5) in Ria Bintan. Hier bekommt der Spieler erstmals auf der Runde direkten See-Kontakt. Angesichts des Wassers auf der rechten Seite und der Bunker auf der linken, ist ein Vorlegen des Balls für den vorsichtigen Golfer wahrscheinlich die erste Wahl.*

OBEN: *Das 9. Loch gilt als eines der schönsten Par 3 Asiens. Riesige Felsbrocken bilden die Plattform für ein langes und schmales Grün, das bis aufs Wasser hinaus reicht. Im Hintergrund dichtes Grün und Palmen.*

GARY PLAYER COUNTRY CLUB

Aus dem afrikanischen Busch

SUN CITY, SÜDAFRIKA

Der Gary Player Country Club war 1970 der erste Streich im südafrikanischen Spielerparadies Sun City. Obwohl es sich in erster Linie um einen Resort-Platz handelt, bekam Gary Player den Auftrag, den Parcours so zu gestalten, dass die besten Golfer der Welt beim sogenannten One Million Dollar Challenge (heute Nedbank Challenge) auf eine harte Probe gestellt werden.

„Was einen guten Platz ausmacht, ist in Wirklichkeit die Flexibilität, indem man eine ganze Palette von Abschlägen anbietet, so dass nicht nur die Longhitter bevorzugt werden." Und weiter meint Player: „Ein Golfplatz muss für alle da sein, ganz gleich, ob es sich um eine ältere Dame, um einen jungen Spieler oder um einen Top-Professional handelt."

Um dieses Ziel zu erreichen, bediente sich Player einiger moderner Designaspekte: Die Grüns ließ er sehr groß anlegen, dafür aber sehr stark konturiert und von einer Art Klee umgeben. In die welligen Fairways platzierte er an strategi-schen Punkten Bunker. Vor allem aber mit Hilfe vieler Abschlagpositionen erreichte er, dass der Platz Spielern aller Fähigkeiten offensteht. Selbstverständlich ist der Parcours bei internationalen Turnieren, wie z.B. dem Million Dollar Challenge, auf Höchstleistungen getrimmt, wobei auch die Profis immer die Chance haben, ein Birdie oder Eagle zu spielen, je nachdem, welches Risiko sie eingehen.

Diese Platzphilosophie ist nirgendwo besser zu erkennen als am 9. Loch. Dazu Gary Player: „Es ist irgendwie ein erhabenes Par-5-Loch, auf dem die Spieler sogar die Möglichkeit haben, das Grün in zwei Schlägen zu erreichen. Dennoch können es auch gut zwei oder drei Schläge mehr sein." Wohl wahr, dabei gibt es auf dem Fairway nur einen einzigen Bunker, auch wenn er sich genau in der Landezone des Drives befindet. Danach biegt die Bahn in einer

LINKS: *Das Grün des 16. Lochs (Par 3) liegt im Verhältnis zum Abschlag erhöht, was je nach Flaggenposition den Schwierigkeitsgrad des Loches deutlich erhöht.*

leichten Kurve nach links, um auf einem spektakulären Inselgrün mit einem kleinen Wasserfall zu Füßen von Sun City zu landen.

Die Golfer haben die Wahl – entweder sie spielen auf Sicherheit und platzieren ihren Ball vor dem Grün oder aber sie versuchen, das Grün in zwei Schlägen zu erreichen. Dann allerdings erhöht sich ihr Risiko erheblich, im Wasser zu landen.

Der Platz misst fast unglaubliche 7033 Meter von den Champions-Tees und dürfte allein dadurch für die besten Spieler der Welt eine Herausforderung sein. Das alljährliche One Million Dollar Event hat sich seit seiner Premiere 1981 zum größten Golfspektakel Südafrikas entwickelt, das in alle Welt übertragen wird. Die Sieger lesen sich wie das *Who is Who* des Golfsports: Johnny Miller, Seve Ballesteros, Bernhard Langer, Nick Faldo, Nick Price, Mark McNulty, Fulton Allem, Ernie Els und Colin Montgomerie. Vom wach-

senden finanziellen Erwartungsdruck blieb auch dieses Turnier nicht verschont, so dass der Sieger seit dem Jahr 2000 sogar zwei Millionen Dollar einstreicht.

Um den neuesten Trends im internationalen Golfplatz-Design nachzukommen, muss sich der Platz immer wieder kleinen Änderungen unterziehen. So wurde am letzten Loch auf der linken Seite des Par 4 ein Bunker hinzugefügt, was die Präzision des Drives schon deshalb erhöht, da die rechte Seite ausreichend durch ein lang gestrecktes Wasserhindernis geschützt ist. Danach knickt das Dogleg scharf nach links ab, so dass der Annäherungsschlag über Wasser aufs leicht erhöhte Grün führt. Dank des Bunkers auf der rechten Seite muss der Spieler seinen Drive sehr viel genauer platzieren, um freie Bahn zu haben.

Ein wichtiger Aspekt in der Design-Philosophie Gary Players ist die Einziehung der natürlichen Umgebung. Nur einheimische Bäume wurden gepflanzt, die Wege bestehen aus gestampfter Erde, und für die Wälle wurde Naturstein verwendet. Selbstverständlich ist auch Original-Buschland im Roughbereich. Draußen auf dem Platz ist von der hektischen Betriebsamkeit des Ferienresorts nichts mehr zu spüren. Überall stehen zu Füßen des erloschenen Pilanesbergs gewaltige Bäume, und es bleibt einem gar nichts anderes übrig, als den Parcours im afrikanischen Buschland zu genießen.

Gary Player Club
Aus der Sicht Gary Players

Schon weil der Platz meinen Namen trägt, habe ich ein besonderes Verhältnis zu ihm. Es ist vermutlich der zweitschwerste Platz Südafrikas, wobei das Million Dollar Event nie dann ausgespielt wurde, wenn der Parcours wirklich am schwersten war. Dann nämlich könnte er gut einer der anspruchsvollsten der Welt sein. Der Spieler kann gar nicht anders, als seinen Drive präzise zu platzieren, will er eine Chance haben, die ausgeformten Grüns mit dem Annäherungsschlag zu erreichen. Dieser Platz repräsentiert wirklich den Geist Afrikas, spätestens dann, wenn Paviane, Antilopen oder andere Tiere ihn mit dem Golfer „teilen".

OBEN LINKS: *Der Südafrikaner Ernie Els nach seinem Eagle am 9. Loch. 1999 gewann er erstmals die Nedbank Golf Challenge.*

UNTEN: *Das spektakuläre Inselgrün am 9. Loch des Gary Player Clubs.*

THE LOST CITY

Krokodile im Wasserhindernis

SUN CITY, SÜDAFRIKA

Eine Golferfahrung der besonderen und auch der schwersten afrikanischen Art erwartet einen im Lost City Country Club. Angelegt wurde der Parcours im Sun City Resort im Jahr 1992. Doch anders als der berühmte Nachbarplatz, auf dem das Million-Dollar-Spektakel stattfindet, ist Lost City weit weniger bekannt. Auch dieser Kurs wurde von Gary Player gebaut, wenn auch in völlig anderem Stil. Allein die Tatsache, dass in den 13 Jahren nach Eröffnung des ersten Parcours Elektrocarts gang und gäbe sind, sorgte dafür, dass das Design-Team die Entfernung zwischen Tee und Grün erheblich erhöhen konnte. Dies hatte vor allem auf den zweiten Neun zur Folge, dass man auch die Hanglagen des benachbarten Berges nutzen konnte, um zum Beispiel hoch gelegene Tees zu installieren. Der Platz setzt sich aus zwei Hälften zusammen, die sich stark voneinander unterscheiden. Die ersten Neun erscheinen ganz bewusst in einer Art Wüsten-Outfit mit einer großen Anzahl von wilden Bunkern, die nicht gerecht werden und in denen zahlreiche Kakteenarten vorkommen. Gleichzeitig sind die Drive-Zonen relativ großzügig angelegt.

Auf den zweiten Neun hingegen dominieren erhöhte Tees bzw. zwischen dem 14. und 16. Loch das sogenannte Bush-veld-Layout, womit die schmaleren Fairways und die dichten Laubbäume gemeint sind, die die dramatischen Löcher umgeben.

Mit 475 Metern ist das 9. Loch zweifellos eines der längs-

RECHTS: *Das Wasserhindernis am Grün des als Par 5 angelegten 18. Lochs. Im Hintergrund zu sehen ist das ungewöhnliche Clubhaus, das das Thema „verlorene Stadt" noch einmal aufnimmt. Mit dem Dimension Data Pro Am der afrikanischen Tour findet alljährlich auch ein Turnier statt, das auf beiden Plätzen in Sun City ausgetragen wird.*

ten Par-4-Löcher weltweit. Allerdings können Normal-
golfer, die sich diese Entfernungen nicht zutrauen, auch auf
andere Abschläge ausweichen und so das Loch erheblich ver-
kürzen. Das kurze 13. Loch bleibt mit seinem Wasserhindernis und den darin hausenden Krokodilen unvergessen. Es
scheint wenig ratsam, einen verzogenen Ball hier heraus zu
holen.

Einzigartig ist auch das Clubhaus, das wie das Hotel dem
Gast vorgaukeln soll, hier handele es sich um einen myste-
riösen, nach Jahrhunderten wiederentdeckten Palast. Von der
Terrasse aus hat man einen spektakulären Blick auf die meisten Löcher der ersten Neun sowie auf das 9. und 18. Loch.

Das Fairway-Gras wurde kürzlich erst gegen Kikuyu aus-
getauscht, was den extremen Wetter- und Temperaturver-
hältnissen im Sommer wesentlich besser gewachsen scheint.
Dank der üppigen Vogel- und Tierwelt ist Lost City ein Parcours, der echtes afrikanisches Gefühl aufkommen lässt, mal
von der Einsamkeit ganz abgesehen.

The Lost City
Aus der Sicht Gary Players

*Natürlich ist dies einer meiner Lieblingsplätze in
Südafrika, weil Lost City wirklich aus dem Buschland herausgearbeitet wurde. Große, hoch gelegene
Tees, massive Felsen im Wüstenstil – das alles macht
den Platz einzigartig. Natürlich ist auch das 13. Loch
mit seinen Krokodilen, die am Grünrand lauern, ein
besonderes Erlebnis. Der Sand der Bunker rund um
dieses Grün übrigens hat drei verschiedene Farben,
was die vielen Kulturen in diesem Land symbolisieren
soll.*

RECHTS: *Der Blick übers 17. Grün aufs Schlussloch in Richtung
Clubhaus. Links im Hintergrund das exklusive Hotel „The
Palace of Lost City".*

LEOPARD CREEK

Augusta in Afrika

MALELANE, MPUMALANGA, SÜDAFRIKA

Am südlichen Rand des Krüger Nationalparks liegt in Malelane mit dem Leopard Creek Country Club eine der besten und exklusivsten Golfadressen des Landes. Der Geschäftsmann und Golf-Mäzen Johann Rupert hielt 1994 Gary Player für den Einzigen, der ihm sein „afrikanisches Augusta" bauen konnte. Bei dem Projekt ohne finanzielle Grenzen sollte Player schlicht den „besten Platz Afrikas" bauen.

In Player fand Rupert einen Gleichgesinnten, der sowohl seine Liebe für den Golfsport als auch für den afrikanischen Busch teilte. Und in der Tat – der 1996 fertiggestellte Parcours ist in jeder Hinsicht fantastisch, sei es, was die Pflegequalität, das ausgefeilte Design, aber auch die harmonische Art angeht, wie sich das Projekt in seine Umgebung einfügt. Da sich der Parcours mitten im Buschland von Mpumalanga befindet, sind Krokodile, Wildschweine, Büffel, Elefanten und verschiedene Antilopenarten an der Tagesordnung, vor allem an den vielen Wasserflächen bzw. dem Crocodile River, der an drei Löchern entlang fließt. Hinzu kommen über 200 Vogelarten in den einheimischen Bäumen und Büschen.

Bau und Unterhalt eines Meisterschaftsplatzes mitten im afrikanischen Busch ist keine leichte Aufgabe. Über 35 Hektar Land sind von dichtem Kikuyu Gras bedeckt, was ein Wunder ist, wenn man bedenkt, dass es kaum

Muttererde und eigentlich nur Felsen gab. Eine Fels-Räummaschine sowie 55.000 Kubikmeter Erde mussten heran geschafft werden, um eine gute Bodenbasis überhaupt herzustellen. Weißer Bunkersand wurde aus Bronkhortspruit herangebracht, um einen Hektar Bunkerfläche aufzufüllen, der im Kontrast zum üppigen Kikuyu stehen sollte. Um das Gras unterhalten und bewässern zu können, wurde neben Dämmen ein Bewässerungssystem mit 1200 Sprinklern installiert, das insgesamt drei Millionen Liter Wasser pro Tag über die Anlage pumpen kann.

Wasser und Dämme sind überhaupt ein wesentlicher Bestandteil des Layouts in Leopard Creek. Gekrönt wird dies alles vom luftigen Clubhaus, das über dem 9. und 18. Grün thront, die durch ein gemeinsames Wasserhindernis getrennt sind.

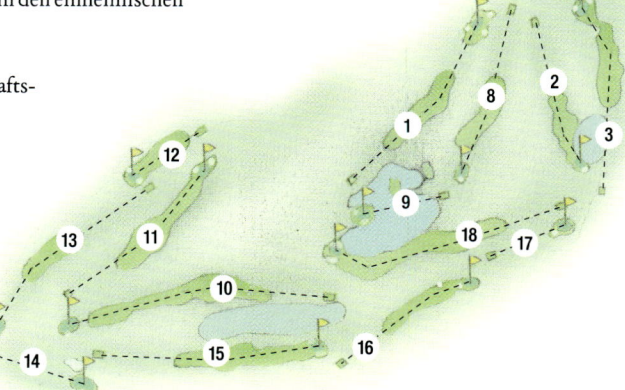

LINKS: *Der Blick vom Clubhaus aufs 10. Loch zeigt das üppige Grün im Kontrast zum Buschland im Hintergrund. Eine Leoparden-Statue markiert den Abschlag eines jeden Lochs.*

Das Halb-Inselgrün am 9. Loch ist fast vollständig von Wasser umgeben. Hier leben ganz ungestört etliche Nilpferde und Krokodile. Das Loch mit dem ausgefeiltesten Design dürfte das 510 Meter lange 4. Loch (Par 5) sein. Es liegt mitten auf einer Sandbank im Crocodile River und bietet dem Golfer ausgezeichnete Ausblicke flußaufwärts, wo häufig Elefanten zu sehen sind. Dichte Büsche säumen die Fairways aus Kikuyu, wobei Steinmäuerchen im schottischen Stil ein durchaus gewolltes Stilmittel sind. An jedem Tee verdeutlicht eine individuelle bronzene Leoparden-Statue dem Spieler, dass er im Herzen des afrikanischen Buschs spielt. Dennoch ist Leopard Creek ein exklusiver Ort mit etwa 200 Wohneinheiten. Auf den privaten Platz dürfen nur die Mitglieder und ihre Gäste sowie die Bewohner eines benachbarten Resorts.

Leopard Creek
Aus der Sicht Gary Players

Leopard Creek ist von Buschland umgeben. Allein die Tatsache dürfte einzigartig sein, dass man hier auf die Runde gehen, gleichzeitig die Nilpferde schnauben hören oder jenseits des Zauns sogar einen Löwen sehen kann. Einzigartig wie die Vorstellung, dass man seinen Pitch über einen See voller Nilpferde und Krokodile schlägt. Auch das Clubhaus – übrigens voll golferischer Erinnerungsstücke sucht mit seinem reetgedeckten Dach und der außergewöhnlichen Architektur seinesgleichen. Nur drei Jahre nach der Fertigstellung fand in Leopard Creek ein Vergleichsduell unter dem Namen „Wonderful World of Golf" zwischen Ernie Els und Nick Price statt.

OBEN: *Die Löcher 9 und 18 teilen sich ein gemeinsames Wasserhindernis, Heimat von Nilpferden und Krokodilen. Die Bahnen dieser beiden Löcher verlaufen parallel bis zu den Grüns, die sich zu Füßen des reetgedeckten Clubhauses befinden.*

CRANS-SUR-SIERRE

Golf in den Schweizer Alpen

MONTANA, SCHWEIZ

Crans-sur-Sierre auf einem Hochplateau der Berner Alpen oberhalb des Rhône-Tals gehört schon wegen des Panoramas zu den spektakulärsten Golfplätzen der Welt. Alle Jahre wieder im August und September versammeln sich hier zu Füßen der majestätischen, schneebedeckten Berggipfel die besten Spieler Europas, um mit dem European Masters eine der ältesten und prestigereichsten Meisterschaften der Tour auszutragen. Das ehedem als Swiss Open bekannte Turnier findet seit 1939 auf diesem Platz statt, und gleichermaßen populäre wie respektierte Spieler haben sich als Sieger in den Clubannalen verewigt: Die Spanier Severiano Ballesteros (1977, 1978 und 1989) und José Maria Olazábal (1986), der Schotte Colin Montgomerie (1996), der Italiener Costantino Rocca (1997) und der Brite Lee Westwood (1999), um nur einige zu nennen.

Ausgerechnet der dreimalige Champion Seve Ballesteros verewigte sich 1993, als er aus dem tiefen Rough am 18. Loch seinen Ball rettete. Heute erinnert eine Plakette an diesen Recovery-Schlag. Doch Ballesteros Verdienst um diesen Parcours hat noch weitere Gründe, wurde doch seine Firma Trajectory Golf Course Design mit der Aufgabe betraut, alle 18 Löcher in Crans-sur-Sierre zu überarbeiten.

Bedingt durch die Höhenlage in 1600 Meter über dem Meeresspiegel, verkürzt sich der 6165 Meter lange Platz durch die größeren Flugweiten der Bälle, die weniger Luftwiderstand überwinden müssen. Allein dies ist der Grund für etliche Rekorde, die auf der euro-

päischen Tour hier erspielt wurden. Am bemerkenswertesten ist die 60er-Runde des Italieners Baldovino Dassu aus Anlass der Swiss Open 1961 sowie die 27 Schläge auf neun Löchern von José Maria Olazábal bei der Swiss Open 1978.

Obwohl der Platz bereits im Jahr 1905 von Sir Arnold Lunn, dem Pionier des Ski-Urlaubs, eröffnet wurde, genoss er keine große Popularität. Die Gäste zogen die Pisten dem Parcours vor, der während des 1. Weltkrieges sogar geschlossen wurde. Erst 1927 feierte man die Wiedereröffnung, doch zu diesem Zeitpunkt war Golf populärer denn je. Alles mündete schließlich in der Ausrichtung der Swiss Open.

RECHTS: *Die schneebedeckten Berge der Schweizer Alpen bilden die spektakuläre Kulisse für das 7. Loch, ein kurzes Par 4.*

Crans-Sur-Sierre
Aus der Sicht Gary Players

Crans-sur-Sierre ist ein echtes Golf- und Outdoor-Paradies. Greg Norman lobte einmal die Organisatoren der European Masters mit den Worten, dass sie das spektakulärste Golfturnier besäßen. Und das aus dem Munde eines Mannes wie Norman, der Golf in aller Welt gespielt hat. Ich selbst habe es immer genossen, nach Crans-sur-Sierre zu kommen, allein, weil die Unterkunft und das Essen fantastisch sind und die Atmosphäre so friedlich. Mitten im Sommer kann man auf die Runde gehen und schneebedeckte Berge sehen – und das bei einer Temperatur von 20° Grad.

OBEN: *Chalets im Schweizer Stil am Rande des 4. Lochs (Par 4) in Crans-sur-Sierre. Es misst 456 Meter und ist das längste und anspruchsvollste Par 4 des Platzes.*

EMIRATES

Oase in der Wüste

MAJLIS COURSE IN DUBAI, VEREINIGTE ARABISCHE EMIRATE

Nur wenige Meilen außerhalb des pulsierenden Geschäftsviertels von Dubai in den Vereinigten Arabischen Emiraten liegt der Emirates Golf Club, der erste komplette Grasplatz des Mittleren Ostens.

Geistiger Vater des Majlis-Meisterschaftsplatzes ist Mohammed bin Rashid Al Maktoum von der königlichen Familie. Eröffnet wurde der von Karl Litten aus Amerika entworfene Platz im Jahr 1988. Er misst 6584 Meter, wobei die erhöht liegenden Grüns in der Länge nicht mitgerechnet sind. Das Layout ist insgesamt anspruchsvoll, wobei es sehr stark auf einen genauen Drive ankommt, da links und rechts gefährliche Roughs im Wüstenstil und einheimisches Gestrüpp den Ball gefährden. Allein die zweiten Neun der Runde zählen drei Par-5-Löcher, mit denen die Neuner-Schleifen jeweils beginnen und enden. Während die Par-3-Löcher überwiegend gerade angelegt sind, haben es die Par-4-Löcher wegen ihrer Länge und des schweren Drives echt in sich. Angesichts der Tatsache, dass die Temperaturen über Tag auf bis zu 49° Grad ansteigen, müssen insgesamt 4,5 Millionen Liter Wasser täglich unter Einsatz von 500 Sprinklern über den Parcours versprüht werden. Umso mehr erstaunen die zahlreichen Süßwasser-Hindernisse auf dem Platz, was aber im Wesentlichen der Entsalzungsanlage des benachbarten Aluminium-Werks zu verdanken ist.

Legendär ist der Emirates Golf Club auch wegen seines einzigartigen Clubhauses, das in der Form eines überdimensionalen Beduinen-Zeltes angelegt ist. Ein zweites Gebäude erhebt sich oberhalb des 8. und 2. Grüns sowie des 9. und 13. Abschlags. Dies ist der königliche Pavillon, das private Vergnügungszentrum der regierenden Königsfamilie sowie für deren VIP-Gäste bei Golfturnieren.

Zu internationaler Turnierehre kam der Emirates Golf Club mit der Dubai Desert Classic, mit der die europäische Toursaison eröffnet wurde. Zu den bisherigen Siegern

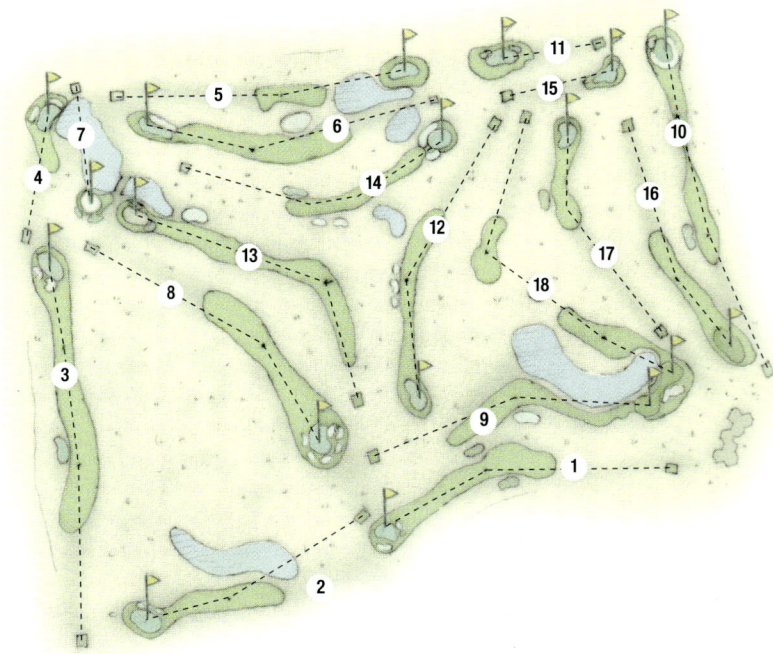

RECHTS: *Typisch für den Majlis Course des Emirates Golf Clubs sind die Palmen sowie die handgerechten Bunker. Im Hintergrund zu sehen ist das Wüstengelände, an das der Platz an einigen Löchern angrenzt und dabei einen starken Kontrast zu den Grüns und Fairways bildet.*

gehören Ernie Els sowie die ehemaligen Ryder-Cup-Captains Seve Ballesteros und Mark James. Inzwischen findet das Turnier auf einem weiteren Weltklasseplatz des Wüstenstaates statt, dem Dubai Creek Golf & Yacht Club.

Rund um den Emirates Golf Club entstand mit dem Wadi-Course ein zweiter 18-Löcher-Platz sowie drei Academy-Übungslöcher, die die Trainingsmöglichkeiten erweitern. Dubai selbst rückte mit derartigen Aktivitäten ins golferische Zentrum des Mittleren Ostens. Sowohl der arabischen Bevölkerung als auch den internationalen Touristen wird viel geboten. Bekannt ist Dubai inzwischen auch für seine Pferde- und Kamelrennen sowie die Shopping-Festivals.

Emirates
Aus der Sicht Gary Players

Es ist schon eine reizvolle Vorstellung, dass ein Platz dieser Qualität in einer kargen Wüstenlandschaft errichtet wurde. Natürlich wäre es ohne die teuren technischen Errungenschaften unmöglich gewesen, entsalztes Wasser für die Bewässerung des Parcours heranzuschaffen. Dubai ist ein faszinierender Ort, erst recht für Menschen aus dem Westen. Dies mag auch ein Grund dafür sein, dass die europäische Tour alljährlich mit der Dubai Open einen Stopp hier einlegt.

OBEN: *Die Grüns des 9. und 18. Lochs überblicken das luxuriöse Clubhaus im Stil von Beduinen-Zelten.*

THE CASCADES

Schatz am Roten Meer

SOMA BAY, HURGHADA, ÄGYPTEN

Der von Gary Player entworfene Cascades Golf Resort and Country Club in Soma Bay in Ägypten ist in vielerlei Hinsicht einzigartig: Es ist der erste Platz an der Westküste des Roten Meeres und der erste Golfplatz im Mittleren Osten, der von einem der „Big Three" (Gary Player, Jack Nicklaus und Arnold Palmer) erbaut wurde.

Der 18-Löcher-Platz (Par 72) steht mit seinen saftigen grünen Fairways einerseits in starkem Kontrast zur umgebenden Wüste, andererseits zum Roten Meer. Gleich mehrere Löcher verlaufen direkt an der Küste, wobei das spektakuläre 5. Loch auf einen Vorsprung ins Meer hinaus ragt. Fertiggestellt wurde Cascades im November 1999 und Gary Player selbst bezeichnete den Parcours aus Anlass des Eröffnungsturniers als „kommendes Pebble Beach".

Obwohl es sich um einen echten Wüstenplatz handelt, integrierte Player gleich mehrmals Wasser auf dem Parcours in Form von kleinen Seen, Bächen und eben dem Roten Meer. Das 9. und das 18. Loch enden unmittelbar vor einem imposanten Wasserfall sowie dem ersten von einer ganzen Reihe von Seen, die ineinander übergehen und nach denen der Platz benannt ist.

Unbestreitbarer Vorteil des Wüstenplatzes in Soma Bay ist das ideale Golfwetter. 365 Sonnentage im Jahr und mit 25° Grad im Winter geradezu perfekte Verhältnisse. Im Sommer allerdings werden es auch 35° Grad. Mehr noch als die Temperaturen mischen sich die Küstenwinde ins Spiel ein. Doch wo sonst kann man Golfspielen, einen Tauchgang im Roten Meer absolvieren und – nur eine Flugstunde entfernt – Pyramiden besichtigen?

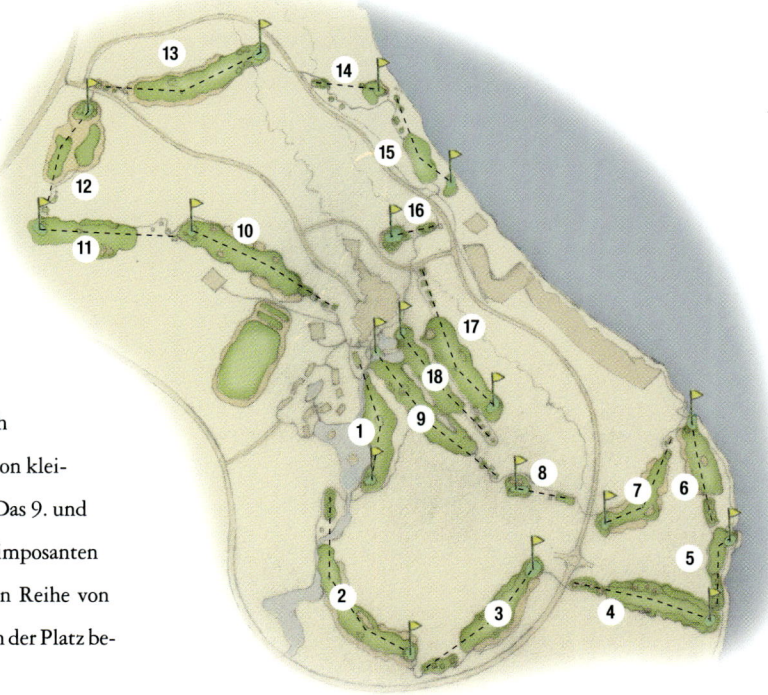

The Cascades
Aus der Sicht Gary Players

Das Gelände, auf dem der Platz gebaut ist, war früher eine Militärbasis, die von den Israelis mehrfach angegriffen wurde. Vor dem Bau des Platzes mussten etliche Landminen geräumt werden. Auch das kleine Fischerdörfchen Hurghada hat sich inwischen zu Ägyptens erstem Reiseziel entwickelt, nicht zuletzt wegen des glasklaren Wassers, etlichen Schiffswracks, exotischen Riffen und erstklassigen Tauchspots, die zu den Besten der Welt zählen. Auch der Platz bietet nicht nur erstklassiges Golfspiel, sondern auch die Nähe zum Roten Meer sowie der religiösen und kulturellen Geschichte des Nahen Ostens.

LINKS OBEN: *Die Fairways des Cascades Golf Course aus Kikuyu-Gras bilden einen starken Kontrast zu den fast unberührten Zwischenräumen des Wüstenplatzes. Insgesamt zählt das Design nur 30 Hektar bewässerte Fairways.*

LINKS UNTEN: *Das spektakuläre 5. Loch, ein Par 3, führt über Felsen und Korallen auf ein Grün, das dem Roten Meer abgetrotzt worden ist.*

OBEN: *Insgesamt befinden sich vier Löcher direkt am Roten Meer. Die Seebrisen spielen bei der Rundenstrategie eine entscheidende Rolle.*

MISSION HILLS NORTH

Ein grüner Fleck in der kalifornischen Steppe

PALM SPRINGS, KALIFORNIEN, USA

Unter dem großen, blauen Himmel Kaliforniens, zu Füßen der Rocky Mountains, die sich über die Steppen von Palm Springs erheben, befindet sich der erste Platz, den Gary Player direkt in die Wüste baute. Dabei wuchs er angesichts der einzigartigen Herausforderung über sich hinaus, als es hieß, mitten in der Wüste im Westin Mission Hills Resort einen Wüstenplatz zu konstruieren. Millionen von Dollars waren erforderlich, um aus der trockenen Erde von Palm Springs eine Landschaft heraus zu arbeiten. Eine Landschaft mit Fairways aus Bermuda-Gras, eine Landschaft mit Abschlägen und Grüns, mit mehreren Seen, vier Wasserfällen und über 2500 Bäumen, Oleandern und anderen einheimischen Pflanzen. Über 6000 Tonnen Fels – echter und künstlicher – wurden beim Bau der ausgedehnten Wasserhindernisse benötigt.

Fertiggestellt wurde der Platz schließlich 1992, wobei nach Mission Hills North noch ein zweiter Platz entstand. Mit 6458 Metern zählt er von den hinteren Tees Par 72 und gilt daher durchaus als langer Platz. Verantwortlich dafür sind auch die zahlreichen Bunker, die erhöht liegenden Stufengrüns, die welligen und schmalen Fairways sowie die Wasserhindernisse an etlichen Löchern. Trotz der Schwierigkeiten genießt der Golfer einen Platz, der sich durch Fairness und Anspruch sowie faszinierende Ausblicke auf die Umgebung auszeichnet.

Das Westin Mission Hills Resort wurde von der US-Zeitschrift *Golf Magazine* mit der Silbermedaille ausgezeichnet. Ferner gehört der Platz zu den zehn besten neuen Golfresorts in den USA – ein unmissverständliches Kompliment auch an Gary Player für seine Visonen, seine Vorstellungskraft und seine gestalterischen Fähigkeiten.

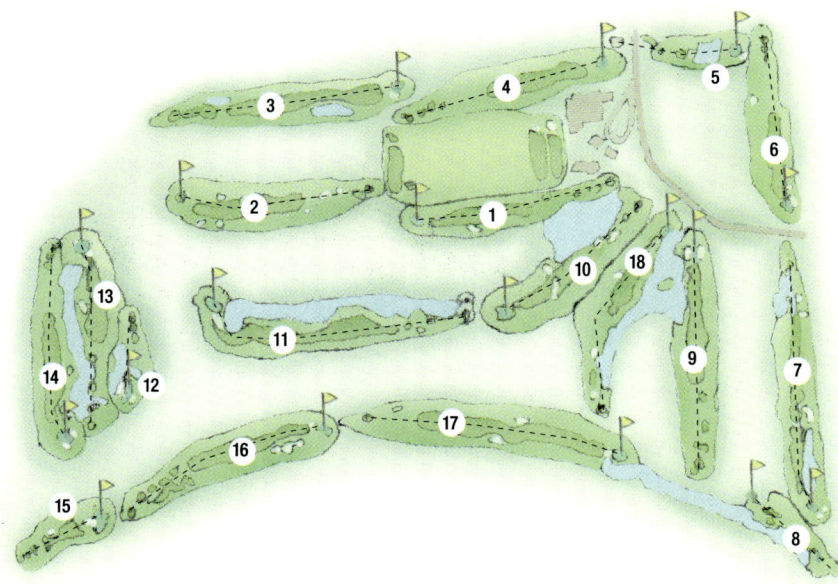

Die schneebedeckten Berge oberhalb des saftigen 9. Grüns in Mission Hills North. Das lange Par 4 gilt als eines der schwersten des Platzes. Immer im Frühjahr findet auf diesem Parcours die Meisterschaft der Profispielerinnen statt.

Mission Hills North
Aus der Sicht Gary Players

*Jedes Jahr im Frühjahr gastiert in Mission Hills die
LPGA Nabisco Championship, früher bekannt als
Dinah Shore Nabisco Championship. Die TV-Über-
tragungen in alle Welt haben dafür gesorgt, dass der
Platz und sein Layout ein Begriff sind. Dank der
Bewässerung durch eine unterirdische Quelle sieht der
Platz aus, als sei hier ein Park in die Wüste gelegt
worden. Insgesamt zählt die Anlage etliche ausge-
dehnte Wasserhindernisse, in deren Mitte wie zufällig
riesige Felsbrocken liegen.*

*Vor langer Zeit gab es einen Spitzenspieler namens
Johnny Revolta, der in den späten 30er-Jahren den
Lehrsatz zu predigen pflegte: „Läuten Sie die
Glocken". Was er damit meinte, war, dass die Spieler
im Durchschwung ihre Hände so hoch halten sollten,
als ob sie eine Glocke zwischen Schulter und Ohr
hielten. Dies ist ein Ratschlag, der auch für Mission
Hills immer noch seine Gültigkeit hat.*

OBEN: *Wasser spielt auf dem Gary-Player-Platz in Mission
Hills eine entscheidende Rolle. Mehrere Seen, Bäche und Wasser-
fälle greifen an diversen Löchern ins Spiel ein.*

PLATZ	PLATZ-INFOS	PLATZ-TYP	PLÄTZE IN DER UMGEBUNG	NÄCHSTE STADT	PLATZ	PLATZ-INFOS	PLATZ-TYP	PLÄTZE IN DER UMGEBUNG	NÄCHSTE STADT
LINKS UND LINKS-ÄHNLICHE PLÄTZE					Pine Valley	Tel: (856) 783-3000	Privat	Valleybrook GC, Wedgewood CC	Clementon, USA
St Andrews (Old)	Tel: (1334) 46-6666	Öfftl.	New course, Eden course,	St Andrews,	Floridian	Tel: (561) 781-1000	Privat	Golden Bear GC at Hammond Creek	Palm City, USA
	Fax: (1334) 46-6664		Balgove nine-hole course, Jubilee	Schottland	TPC Jasna Polana	Tel: (609) 688-0500	Privat	Princeton CC, Bunker Hill GC	Princeton, USA
			course, Strathtyrum course			Fax: (609) 924-0547			
Royal Dornoch	Tel: (1862) 81-0219	Öfftl.	Struie course	Dornoch, Schottland	Oakland Hills (South)	Tel: (248) 644-2500	Privat	North course, Birmingham CC	Detroit, USA
Ballybunion	Tel: (68) 2-7146	Privat	Cashen course	Ballybunion,	Winged Foot (West)	Tel: (914) 381-5821	Privat	East course, Hampshire CC	Mamaroneck, USA
	Fax: (68) 2-7387			Irland	Pinehurst No. 2	Tel: (910) 295-8141	Semi-privat	Sieben Plätze in Pinehurst	Pinehurst, USA
Carnoustie	Tel: (1241) 85-3789	Öfftl.	Buddon links, Burnside	Carnoustie,		Fax: (910) 295-8111		(No. 1, 3, 4, 5, 6, 7, 8)	
				Schottland	Congressional (Blue)	Tel: (301) 469-2032	Privat	Gold course, TPC at Avenel	Bethesda, USA
Muirfield	Tel: (1620) 84-2123	Privat	Gullane GC (courses 1, 2, 3),	Gullane, Schottland		Fax: (301) 469-2318			
			North Berwick West links,		Wentworth	Tel: (1344) 84-2201	Öfftl.	East course, par three course,	Virginia Water,
			Whitekirk GC			Fax: (1344) 84-2804		Sunningdale GC	England
Royal Troon	Tel: (1292) 31-1555	Privat	Turnberry GC (Ailsa and	Troon, Schottland	Five Nations	Tel: (8) 632-3232	Privat	Royal Golf des Fagnes Club,	Méan, Belgien
	Fax: (1292) 31-8204		Arran courses), Prestwick GC			Fax: (8) 632-3011		Royal GC du Sart Tilman	
Turnberry (Ailsa)	Tel: (1655) 33-1000	Öfftl.	Arran course, Prestwick GC,	Turnberry und	Chantilly	Tel: (3) 4458-4774	Privat	Neun-Löcher-Platz	Chantilly, Frankreich
			Royal Troon GC	Glasgow, Schottland	Sporting Club Berlin	Tel: (33631) 5268	Resort	Arnold Palmer course,	Bad Saarow,
Royal Birkdale	Tel: (1704) 56-9913	Privat	Southport GC, Ainsdale GC	Southport, England		Fax: (33631) 5270		Bernhard Langer course	Deutschland
Royal Lytham	Tel: (1253) 72-0094	Privat	St. Annes Old Links GC	Blackpool, England	Club zur Vahr	Tel: (421) 20-4480	Privat	Neun-Löcher-Platz	Garlstadt,
Royal St George's	Tel: (1304) 61-3090	Privat	Royal Cinque Ports GC, Prince's GC	Sandwich, England		Fax: (421) 244-9248			Deutschland
Portmarnock	Tel: (1) 846-2968	Privat	Portmarnock links	Dublin, Irland	El Saler	Tel: (96) 161-1186	Öfftl.	El Bosque GC, Manises GC	Valencia, Spanien
Royal Country Down	Tel: (28437) 2-3314	Privat	Zweiter Platz	Newcastle,		Fax: (96) 162-7016			
				Nordirland	Valderrama	Tel: (56) 79-6430	Semi-privat	Sotogrande, La Duquesa,	Sotogrande, Spanien
Royal Portrush	Tel: (2870) 82-2311	Privat	Valley course	Portrush,		Fax: (56) 79-6431		Alcaidesa, San Roque	
	Fax: (2870) 82-3139			Nordirland	Manna	Tel: (47) 524-5211	Privat	27-Löcher-Platz im Country Club	Chiba, Japan
Shinnecock Hills	Tel: (516) 283-3525	Privat	National GC of America,	Southampton,		Fax: (47) 524-5218			
			Southampton GC	New York, USA	Erinvale	Tel: (21) 847-1144	Privat	Somerset West GC, Strand GC	Cape Town,
Raspberry Falls	Tel: (703) 779-8721	Öfftl.	Lansdowne Resort, Westpark GC	Leesburg, USA		Fax: (21) 847-1070			Südafrika
Seminole	Tel: (407) 626-0280	Privat	Lost Tree GC, North	North Palm Beach,	Royal Melbourne	Tel: (3) 9 598-6755	Privat	East and West courses	Melbourne,
			Palm Beach CC	USA		Fax: (3) 9 521-0065			Australien
Links at Fancourt	Tel: (44) 870-8282	Öfftl.	Outeniqua and Montague courses	George,	San Lorenzo	Tel: (89) 39-6522	Resort/öfftl.	Quinta do Lago, Old Course,	Quinta do Lago,
	Fax: (44) 870-7605		in Fancourt, George Golf Club	Südafrika		Fax: (89) 39-6908		Ria Formosa	Portugal
Noordwijk	Tel: (252) 37-0044	Privat	Haagsche GC	Noordwijk, Holland	**MEERESPLÄTZE, PLÄTZE IM BUSCHLAND, GEBIRGS- UND WÜSTENPLÄTZE**				
Sand River	Tel: (755) 690-0111	Öfftl.	Shenzhen GC	Shenzhen, China	Cypress Point	Tel: (831) 624-2223	Privat	Pebble Beach, Spyglass Hill	Pebble Beach, USA
	Fax: (755) 660-8687					Fax: (831) 624-5057			
Kau Sai Chai	North course:	Öfftl.	Hong Kong GC	Hong Kong	Pebble Beach	Tel: (831) 624-3811	Öfftl.	Cypress Point, Spyglass Hill	Pebble Beach, USA
	Tel: (2) 791-3380					Fax: (831) 622-8795			
	South course:				Ria Bintan	Tel: (770) 69-2868	Resort	Forest course	Bintan, Indonesien
	Tel: (2) 791-3390					Fax: (770) 69-2837			
	Fax: (2) 791-7293				Gary Player CC	Tel: (14) 657-1020	Öfftl.	The Lost City CC	Rustenburg,
PARKLAND-PLÄTZE						Fax: (14) 657-3442			Südafrika
Augusta National	Tel/Fax:	Privat	Augusta GC, August CC,	Augusta, USA	Lost City	Tel: (14) 657-3700	Öfftl.	Gary Player CC	Rustenburg,
	(706) 667-6000		Forest Hills GC			Fax: (14) 657-3426			Südafrika
Cougar Point	Tel: (843) 76-82121	Resort	Turtle Point course, Osprey	Kiawah Island,	Leopard Creek	Tel: (13) 790-3322	Privat	Nelspruit GC, White River GC,	Malelane,
	Fax: (843) 76-82726		Point course, Ocean course,	USA				Sabi River Sun	Südafrika
			Oak Point course		Crans-sur-Sierre	Tel: (27) 41-2168	Privat/Resort	Jack Nicklaus (Neun Löcher),	Montana,
Diamond Run	Tel: (412) 741-2582	Privat	Allegheny CC	Pittsburgh, USA		or 41-2703		Super-Crans (Neun Löcher),	Schweiz
Inverness	Tel: (419) 578-9000	Privat	Ottawa Park GC, Heather	Toledo, USA		Fax: (27) 41-4671		Sion GC	
			Downs GC, South Toledo GC			or 41-9568			
Manhattan Woods	Tel: (914) 627-2222	Privat	Blue Hill GC, Spook Rock GC	West Nyack,	Emirates	Tel: (9714) 48-0222	Privat	Wadi course, Dubai Creek,	Dubai, Vereinigte
	Fax: (914) 627-0093			New York, USA		Fax: (9714) 48-1888		Dubai CC, Racing Club course	Arab. Emirate
Medinah	Tel: (708) 773-1700	Privat	Second, Third courses	Chicago, USA	Cascades	Tel/Fax: (65) 54-4901	Resort	Keine	Hurghada, Ägypten
Oakmont	Tel: (412) 828-4653	Privat	Oakmont East, Green Oaks CC,	Oakmont, USA	Mission Hills	Tel: (800) 358-2211	Resort	Mission Hills CC, Arnold Palmer	Rancho Mirage,
			Fox Chapel GC					course, Pete Dye course	USA

DANKSAGUNGEN

Die Autoren danken dem unschätzbaren Rat und Beitrag von Andy Brumer von der Gary Player Group sowie Bernard Mostert von der Zeitschrift *Complete Golfer*. Ein Dankeschön auch der Unterstützung durch Beatrix Green von der Gary Player Group sowie Roxanne Reid für ihre endlose Geduld beim Redigieren und bei der Schlusskorrektur.

FOTO-HINWEISE

Richard J Castka, 64–65, 66, 140; Cougar Point, 74, 75 (rechts, links); Peter Dazeley, 19, 42 (unten links), 43, 110 (oben links); Five Nations, 111, 112; courtesy of The Floridian/Brian Morgan, 23, 92; Gallo Images/Hulton Getty, 33; Michael Gedye, 18 (rechts), 70, 73, 101, 138, 157 (rechts); Henebry, 156; Hobbs Golf Collection/Michael Hobbs, 11, 20 (unten links), 30, 96, 101, 152, 153; Eric Hepworth, 40, 48–49; Grant Leversha, 2–3, 126, 142, 144 (unten), 149, 139; Brian D Morgan Golf Photography, 10, 24, 44 (unten), 45, 46–47, 53, 58–59, 62–63, 80 (rechts), 87, 88; 90, 93, 114 (unten), 116, 117, 150–151; courtesy of Gary Player Design Group, 56, 57, 72 (links), 81, 82, 94, 95, 124, 125, 154, 155 (links, rechts); Kevin Saunders, 8, 60, 61; Evan Schiller, 54, 99, 132; The Scottish Golf Photo Library/David J Whyte, 1, 12–13, 15, 20–21 (oben), 25, 26, 28, 29, 32, 35, 36 (links), 39, 42 (oben rechts), 118, 121, 122–123; Phil Sheldon Golf Picture Library, 38, 42 (oben links), 51, 52, 79, 80 (links), 89, 105, 108–109, 136 (oben); Phil Sheldon/Richard J Castka, 67, 76, 77, 141 (oben, unten); St Andrews University Library, 18 (links); courtesy Sun International, 145, 146–147; Tom Treick, 4–5, 134, 137; T/A, 36 (rechts); T/A (UK), 91; T/A/Claus Andersen, 69, 98; T/A/Simon Bruty, 55; T/A/David Cannon, 6–7, 27 (oben), 31, 37, 50, 68, 72 (rechts), 83, 84, 85, 100, 128, 130, 131, 133, 136 (unten); T/A/Duif du Toit, 148; T/A/Craig Jones, 103, 144 (oben), T/A/Tim Matthews, 115; T/A/Stephen Munday, 27 (unten), 113, 114 (oben), 120, 129; T/A/Gary Newkirk, 104; T/A/Tertius Pickard, endpapers, 127; T/A/Andrew Redington, 14; T/A/Paul Severn, 16, 110 (rechts); T/A/Fred Vuich, 106, 107.